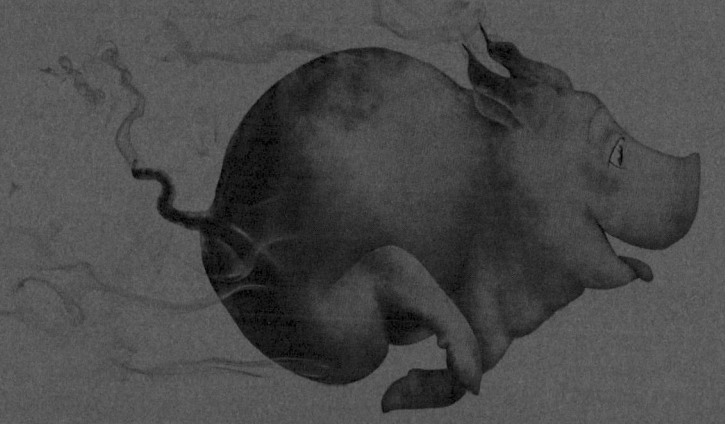

WARUM
GESENGTE SÄUE
RASEN UND DER STROHSACK
HEILIG IST

© Süddeutsche Zeitung GmbH, München
für die Süddeutsche Zeitung Edition 2016
4., aktualisierte Auflage

Projektleitung: Sabine Sternagel
Art Director: Stefan Dimitrov
Produktmanagement: Eva Hutter
Layout und Satz: Matthias Worsch
Umschlaggestaltung: ZERO Werbeagentur, München
Bild: FinePic®, München
Herstellung: Thekla Licht, Hermann Weixler
Druck und Bindearbeiten: CPI – Ebner & Spiegel, Ulm
Printed in Germany

ISBN: 978-3-86615-967-9

WARUM GESENGTE SÄUE RASEN UND DER STROHSACK HEILIG IST

Herausgegeben von Birgit Weidinger

Sprichwörter, Redensarten – und was dahintersteckt

Süddeutsche Zeitung Edition

INHALT

2. Rund um die Uhr

3. Schmeckt's?

4. Das liebe Vieh

5. Tolle Typen

6. Wer kann, der kann

7. Überall ist Wunderland

8. Und bist du nicht willig

9. Sonst noch was?

Ich glaube, mein Schwein pfeift ...

So lautet ein Ausruf ungläubigen Staunens, wenn man etwas besonders Ungewohntes, Dramatisches, Unglaubliches erlebt hat. Als Objekt kommt hier das Borstenvieh gerade recht, ebenso wie auch bei sehr vielen anderen Vergleichen, Ausrufen, Redewendungen, die sich in unserer Sprache dauerhaft eingerichtet haben. So gilt es, den inneren Schweinehund zu überwinden, also in bestimmten riskanten Situationen der eigenen Feigheit und Ängstlichkeit Paroli zu bieten. Schwein muss man haben in manchen brenzligen Lebenssituationen. Das Glücksschwein wird zum neuen Jahr oder anderen Gelegenheiten verschenkt. Andrerseits gilt die Sau als gefräßig, als unsauber, suhlt sich, daher ist ein unsauberer Zeitgenosse ein Schwein – im Hinblick auf bestimmte Wesenszüge gar ein Charakterschwein, und außerdem: Schweinkram gibt es ausreichend. Doch genug davon: Groß ist die Zahl anerkennender, lobender, appetitlicher Bezeichnungen und Redewendungen, die mit dem Borstenvieh zu tun haben. Also heißt es zurecht: Wer das Schwein am Schwanz hat, der hat Glück.

Das wollen wir auch an die Leser dieser neuen Sammlung weitergeben, die dynamische Sau des Buchtitels soll den Wunsch nach Vorwärtsstreben illustrieren! Und soll wieder Freude,

Schmunzeleffekte und Verwunderung darüber auslösen, wie stark unsere Sprache von Bildern, Parallelen, manchmal absurd erscheinenden Bezügen, tiefsinnigen und unsinnigen, geprägt ist. Wieder haben Redaktionsmitglieder der Süddeutschen Zeitung allwöchentlich Fragen der Leser zu Spruchweisheiten und Redewendungen beantwortet. Hier ist nun eine Auswahl dieser Fragen zusammengefasst. Wir haben uns dabei bemüht, unter Einbeziehung kundiger und bewährter Ratgeber die gewählten Beispiele mit einer guten Dosis an Ernsthaftigkeit und Humor zu würzen und dem, was uns wesentlich erschien, den Vorrang zu lassen. Und keinesfalls wollten wir vergessen, Präsident Truman zu zitieren, der einmal sagte: Es sollte nur jemand Präsident werden dürfen, der Schweine versteht. Zum besseren Verständnis von Borstenvieh, anderen Viechern und den menschlichen Eigenschaften soll die Sammlung ihren Beitrag leisten.

Birgit Weidinger

1. Von Kopf bis Fuß

Ihr dschungelroter Mund

Frau Helga Kramer möchte gerne erfahren, wozu sie die Lippen schürzen soll

Sehr verehrte Frau Kramer,
da lesen Sie also einen dieser zartbitteren Romane, wie sie heute ja leider kaum mehr geschrieben werden, Sie wissen schon, wo sich Herz zu Herzen find't, wenn auch nicht gleich und manchmal vielleicht auch gar nicht, und dann kommt es endlich so weit, dass die Heldin oder vielmehr die in ihrer stillen Zuneigung zu einem Mann schwer geprüfte Frau, also die Heldin, mit dem Mann ihrer stillen Zuneigung auf einer Parkbank sitzt, sich ein Herz fasst und zu sprechen anheben will. Und was tut sie dann in jedem Fall? Sie schürzt die Lippen, ehe sie das alles entscheidende Wort an ihn richtet. Wo aber kommt dieses seltsame „Schürzen" her? Nie doch fühlte sich unsre Heldin der Hausfrauenexistenz ferner, denkt in diesem vor Seligkeit bebenden Augenblick gewiss nicht daran, ob der Strudel rechtzeitig in den Ofen kommt und dass das Geschirr noch abgewaschen werden muss – was also soll in dieser Situation dieses Schürzen, und sei's der Lippen?

Gemach, sehr verehrte Frau Kramer, gemach! Dieses Schürzen, bei dem wir uns der Einfachheit halber den so dschungelroten wie einsatzbereiten Kussmund von Marilyn Monroe vorstellen wollen, geht tatsächlich auf dieses wenig modische Textil zurück, das Sie sich aber nicht als rein weibliches Attribut denken sollten. In Schürze oder Schurzfell gekleidet ging einst der Mann seiner Arbeit nach. Damit hämmerte, drechselte, schweißte und schlachtete er und stand dabei doch immer mit beiden Beinen fest auf dem goldenen Boden des Handwerks. Nur wenn er von der Arbeit fortmusste, wenn er es eilig hatte, wenn er – und jetzt aufgepasst! – in den Krieg zog, tat er das gerafften, also geschürzten Gewandes, damit er gut zu Fuß war und sich besser wehren konnte. Unser verlässlicher Grimm sieht im geschürzten Manne einen, der gerüstet ist und zu allem bereit.

Einiges von dieser kühnen Bereitschaft, sich ins leichtgeschürzte Abenteuer zu stürzen, zeigt auch unsere Heldin, die ihre Lippen so schmollmundig rundet, ihrem verehrten Manne bereits entgegensinkt, ach! Der Schürzenjäger vielleicht nicht, aber doch der Kavalier aus dem oben erwähnten bittersüßen Roman wird dann längst die Lippen spitzen, sieht er doch, welches andere schwellende Paar da auf ihn wartet. Der bereits erwähnte Grimm führt als Beleg jenen Heine ein, der zwar der deutschen Sprache das Mieder gelockert hat, dem wir aber hier gern das letzte Wort überlassen: „Dann schwebte ein taubenmildes Lächeln/um die hochgeschürzten, stolzen Lippen,/und die hochgeschürzten, stolzen Lippen/hauchten Worte, süß wie Mondlicht."

Willi Winkler

Wo der Feind steht

Robert Bader aus Augsburg möchte wissen,
wieso Holzauge eigentlich wachsam sein soll

Sehr geehrter Herr Bader,

„Holzauge, sei wachsam!" – Hört man bei diesem etwas ver-
schrobenen Imperativ nicht gleich etwas Preußisch-Schnar-
rendes heraus? Könnte man sich nicht gut vorstellen, dass ein
Berliner Feldwebel diese Anordnung mit aus dem Auge fallen-
dem Monokel in die Kasernen brüllt, so wie er sonst immer
„Potzblitz!" ruft oder „Kaiserwetter!"? In der Tat ist „Holzauge, sei wachsam!" eine eher jüngere Redewendung, ja, wie
es aussieht, ist sie sogar aus der Endphase des Preußentums
und stammt aus dem Ersten Weltkrieg, als mancher Soldat mit
dem Auge durch ein Loch im Bretterzaun linste, um zu sehen,
wo genau der Feind steht. Interessanterweise ging der Befehl
„Holzauge, sei wachsam" oft mit folgender Geste einher: Während der Soldat den Holzaugesatz sprach, zog er das Augenlid
mit dem Zeigefinger kurz nach unten – vastehste?

Eine andere Variante – sie stammt ebenfalls aus dem Alltag
des Soldatenlebens – will weismachen, dass das Holzauge gerne als Pendant zum Holzbein angesehen wird. Das Holzauge
dürfte es wohl nicht gegeben haben, doch die Verstümmelun-

gen der Soldaten im Ersten Weltkrieg waren zum Teil dermaßen unvorstellbar, dass der Sarkasmus es gestattete, sich immer
schlimmere und unwürdigere Prothesen für die Versehrten aus-
zudenken. Aber erwiesen ist das alles leider nicht, wie übrigens
die Herkunft der Redewendung als solche als nicht hundertpro-
zentig geklärt gelten darf. Es gibt aber ein paar hübsche Erklä-
rungsvarianten, die wir hier nicht unerwähnt lassen wollen,
schon, weil sie uns in eine wohltuend ferne Zeit zurückführen.

Im Mittelalter, so wird gerne berichtet, habe es an manchen
Trutzburgen Scharten gegeben, die durch eine spezielle Holz-
vorrichtung den Vorzug boten, dass ein Burgritter gut ins feind-
liche Außen blicken konnte, umgekehrt aber kein Gegner einen
Blick in den Burgfrieden erhaschen konnte. Dieses bewegliche
„Auge", so wollen es manche Sprücheforscher, soll das Urholz-
auge der bekannten Wendung gewesen sein. Da aber der Spruch
erwiesenermaßen aus jüngerer Zeit stammt, ist die Herkunfts-
variante Ritterburg so unwahrscheinlich wie das zweite etymologische Angebot, das aus der Welt des Weinbaus kommt. Hier
fungiert das Holzauge als „Blattknospe, die nur Reben ohne
Fruchtansatz, spätes Holz, bringen wird." (*Südhessisches Wörterbuch*, Band III, 1973–1977). Also, noch einmal sei's gesagt
und geklagt: Kein Mensch weiß, woher der Satz „Holzauge sei
wachsam" wirklich stammt, und wenn irgendein Schlaumei-
er behauptet, er wüsste es ganz bestimmt, gilt der Ratschlag:
„Holzauge; usw."

Hilmar Klute

Geh baden, Mario

Günter Ewald aus Erstätt fragt, warum
manchen Leuten der Schalk im Nacken sitzt

Sehr geehrter Herr Ewald,
es ist doch eigentlich ganz hübsch, dass wir heutzutage immer
noch Wendungen benutzen, in denen ein Personal vorkommt,
das uns außerhalb dieser Phrasen gar nicht mehr geläufig ist.
Der Schalk gehört zweifellos dazu, und ich denke, dass wir unser
Pulver nicht zu früh verschießen, wenn wir hier schon einmal
erwähnen, dass die Beobachtung, jemand habe den Schalk im
Nacken sitzen, aus einer ziemlich fernen Zeit stammt, und zwar
allerspätestens aus dem 16. Jahrhundert. Menschen mit einer
humorigen Verschlagenheit haben, so wollte es die damalige
Vorstellung, einen kleinen Dämon im Nacken, wahlweise sogar
im Ohr, in jedem Fall aber in Kopfnähe hocken, sodass dieser
direkt im Hirn des Menschen Schabernack treiben kann.

Der Schalk ist gewissermaßen ein teuflisches kleines
Implantat, welches seinem Wirt eine tüchtige Verschlagenheit
bescheren kann. Die Wendung ist im Lauf der Jahrhunderte
allerdings zunehmend dergestalt intoniert worden, dass die
Gegenwart des Schalks selbst immer viel kräftiger herausgestellt
wurde als seine Eigenschaft, im Nacken zu sitzen, also im

wahrsten Sinn des Wortes hintersinnig zu sein. Demnach kann man mit Recht behaupten, dass die Comedy schon ziemlich früh damit begonnen hat, den leisen, feinen Humor auszuhebeln. Bleibt nun noch die Frage zu klären, mit was für einem Typen man es eigentlich zu tun hat, der einem da im Nacken sitzt. Zu diesem Zweck müssen wir uns kurz ein wenig gelehrt gebärden: Das Wort Schalk stammt vom lateinischen scalcius und bezeichnet einen barfüßigen Menschen. Und wer war seinerzeit entschiedener zur Barfüßigkeit verdammt als der Leibeigene?

Nun ist die Leibeigenschaft – dem Weltenlauf sei es gedankt – seit langem abgeschafft. Allerdings scheint damit irgendwie auch die Schalkhaftigkeit aus der Welt verschwunden zu sein, denn wenn man sich die Bemühungen der Humorschaffenden im Fernsehen ansieht, kommt man schnell zu der Vermutung, dass den Comedians kein Schalk mehr im Nacken sitzt, sondern höchstens ein schwachsinniger Gagschreiber und ein quotenfixierter Produzent. Aber vielleicht verstehen die meisten Spaßkonsumenten den hintersinnigen Humor à la Nackenschalk einfach nicht mehr, wer weiß. Bevor das Ganze jetzt in einen unstatthaften Kulturpessimismus abrutscht, bleibt uns der fromme Wunsch, dass wieder der eine oder andere Schalk den einen oder anderen Nacken erobert und Mario Barth ein bisschen Urlaub machen kann.

Hilmar Klute

Die rechte Gunst

Rudolf Marwitz aus Haltern wüsste zu gern,
warum man die Hand ins Feuer legen soll

Sehr geehrter Herr Marwitz,
zu Porsena, dem Tyrannen, schlich Gaius Mucius, den Dolch im
Gewande … So könnte die Geschichte jenes römischen Helden
beginnen, der im glorreichen Jahr 507 vor Christus ins Zelt des
Rom belagernden Etruskerkönigs Porsena eindrang, aber dann
ereignete sich ein Fauxpas, der die Heldensage um die Ehre
gebracht hat, in eine wohlklingende Schiller-Ballade gefasst
zu werden. Aus Versehen nämlich oder weil es so dunkel war,
tötete der Freiheitskämpfer Gaius Mucius nicht den Porsena,
sondern nur dessen Schreiber. Der Etrusker ließ den Römer
antreten und stellte ihn, in sicherlich wohlgesetzten, womöglich
sogar hexameterfähigen Worten zur Rede. Unser Mann aber
widerstand tapfer allen Versuchungen; seine Tat konnte er
nicht leugnen, doch war er ebenso wenig bereit, den geplanten
Königsmord als strafbewehrtes Verbrechen zu akzeptieren. Bei
dieser Haltung blieb er auch noch, als ihn die Feinde zu foltern
begannen. Da hielt er seine rechte Hand so ausdauernd über
ein Feuer, dass sie verbrannte. Und Porsena, von plötzlichem
Edelmut erfasst und ergriffen von so viel römischer Härte, ließ

den Attentäter laufen. (Wir befinden uns wie gesagt im Reich der Sage und nicht in einem CIA-Camp.) Rom hat Porsena, wie es heißt, dann trotzdem erobert. Und Gaius Mucius erhielt zu Hause den Ehrennamen *Scaevola* oder Linkshänder und vom Senat auch noch eine schöne Wiese.

Seien Sie ehrlich, sehr geehrter Herr Marwitz, Sie würden niemals so blöd sein und nach dem hehren Vorbild Ihre Hand für was auch immer ins Feuer legen; ich ja auch nicht. Ob's der edle Römer Gaius Mucius tatsächlich getan, ob es ihn überhaupt gab, sei für heute einmal dahingestellt, die Geschichte klingt gut und passt so recht zu den anderen Geschichten aus dem frühen Römerreich. Scaevolas mannhaftes Ausharren, mit dem er der Natur trotzte, ist später das Vorbild für die einfallsreichsten Formen von Gottesurteilen geworden. Über glühende Pflugscharen musste da gelaufen werden, ins Wasser wurde man geworfen oder – die Hexe wird verbrannt – auf den Scheiterhaufen geschnürt.

Wenn Gott, so die bestechende Logik des nach ihm benannten Urteils, dem Angeklagten, dem Zweifler, der Frau, die angeblich mit dem Teufel im Bunde war, doch die rechte Gunst erwies, würde er oder sie die Probe ja überstehen. In den Folterkellern der heiligen Inquisition hatte gar mancher ein Lied davon zu singen. Dass es bei dieser, vorsichtig gesagt: einfallsreichen Form der Wahrheitsfindung immer mit rechten Dingen zugegangen wäre, dafür würde ich jedenfalls nicht die Hand ins Feuer legen.

Willi Winkler

Trübe Tasse

Agnes Bischoff aus Gröbenzell weiß nicht,
wie sie sich ins Fäustchen lachen soll

Sehr verehrte Frau Bischoff,
wollen Sie vielleicht einen Moment hereinhören, wie der Herr
Professor da in seinem Zimmer poltert? Dass er alles studiert
habe und doch nicht zur Erkenntnis vorgedrungen sei, dass er,
zusammen mit „Urväter Hausrat drein gestopft", in einem Ker-
ker stecke und nichts, aber auch gar nicht vom Leben wisse. Er
hört gar nicht mehr auf zu jammern: „Wo fass' ich dich, unend-
liche Natur?" Hören Sie's? Der Faust, diese kolossale deutsche
Erfindung, wird von seinem Bearbeiter Goethe zu einem Fäustchen gedrückt. Wenn er seinen Mephisto nicht hätte, er würde
nur in seiner Stube hocken und Trübsal über die Welt blasen.

Immer nur Jura (heute wär's Betriebswirtschaft), das ist
doch auch nichts. So einer wie dieser Faust verpfändet schnell
sein Leben, damit sich endlich was drin rühre. Zu seinem Glück
hält Mephisto ihm den Zauberspiegel hin und natürlich, kaum
hat der Tropf die Augen gehoben, erblickt er Helenen in jedem
Weibe und stürzt sich in ein rauschhaftes Abenteuer. Er ist der
Erste nicht, aber dafür Faust, denkt er, der große Gelehrte, der
in all seiner Gelehrsamkeit doch auf keinen gescheiteren Han-

del kommt, als dafür seine Seele zu verkaufen. Die Seele, ha, wie gern gibt er sie hin, bedenkenlos, und wenn, so wird er sie schon zu retten wissen. Faust ist er, aber doch nur ein Fäustchen: voller Selbstmitleid und kindischer Geltungssucht.

Ein mittelalterlicher Faust wär er so gern, aber es reicht nur zur Reclam-Ausgabe. Da ist der schnurrpfeiferische Mephisto eine ganz andere Nummer als diese trübe Tasse, die sich, aber auch nur, weil ihn der Geschwänzte dem Mädchen förmlich vor die Füße schubst, an Frl. Margarethe heranmacht, um das unbefangene Ding in all seiner Lebensfremdheit gleich beim ersten Mal zu schwängern. Im zweiten Durchgang schöpft er zwar Geld, legt ganz Holland trocken, eröffnet Räume für Millionen, vergisst aber in seinem Wiedekingschen Größenwahn die Klausel, die ihm der listenreiche Mephisto in den Vertrag geschrieben: Dass er sein Glück niemals genießen dürfe. Aus.

Denn – sind Sie noch da, Frau Bischoff? – denn so und nicht anders kam es, dass sich der Teufel ins Fäustchen lacht. Nun ist die Faust nur ein Sammelbegriff für die fünf Finger, und wer vorsichtig, gern auch schadenfroh lacht, tut es am liebsten hinter vorgehaltener Hand, also ins Fäustchen. Doch wäre diese handliche Erklärung zu prosaisch für unseren Großmeister des Ungeschicks, und wie sonst hätten wir vermocht, in bedächt'ger Schnelle den Weg vom Himmel durch die Welt zur Hölle auszuschreiten.

Willi Winkler

Steiler Hai

Herr Helmut Richter aus Gunzenhausen hätte gerne einen Zahn zugelegt

Sehr geehrter Herr Richter,

wussten Sie, dass es eine Zeit vor der Karies-Forschung gab? Ohne Zahnarztgattinnen, die auch morgen noch kraftvoll zuzubeißen drohen, und zwar mit strahlendem Gebiss? Eine Zeit, in der ein schwarzer Zahn als untrügliches Zeichen für Ehebruch galt? Dass an diesem volksaufklärerisch gemeinten Bild längst der, Verzeihung, Zahn der Zeit nagt, ist vielleicht gar nicht mal das Schlimmste am Fortschritt.

Der ist auch sonst über manches hinweggegangen. Denken Sie nur an die kesse Redensart, die eigentlich nur noch in veralteten Übersetzungen und Peter-Kraus-Filmen anzutreffen ist: der steile Zahn. Warum Mädchen in (wahlweise) Röhrenjeans oder Petticoat den entenschwanzfrisierten Stenz ausgerechnet an einen Zahn und auch noch einen steilen erinnern sollten, will sich dem Nachgeborenen nicht erschließen. Aber Sie interessieren sich ja für einen ganz anderen metaphorischen Zahn-Einsatz. Auch mit Ihrer Frage greifen Sie weit zurück in die Geschichte. Das Bild kommt aus der frühen Phase der Technikbegeisterung und geht auf das gusseiserne und hölzerne Zahnrad zurück. Der hier immer gern konsultierten *Oeconomischen Encyclopädie* von Johann Georg Krünitz zufolge handelt es sich dabei um „solche Räder, welche wie die Stirn=, Kamm= und Winkelräder zur Fortpflanzung der Bewegung bei Maschinen angewendet werden".

Diese Fortpflanzung der Bewegung war in der Frühzeit des Automobilismus noch mit Händen zu greifen und erst recht zu befördern: ein Zug, ein Ruck, und das Fahrzeug steigerte sich von 38 auf waghalsige 43 Kilometer in der Stunde! Die Steigerungsmöglichkeiten sind endlich, die Reibung des Metalls bremst, auch sind der Leistungsfähigkeit eines solcherart beschleunigten Motors Grenzen gesetzt. Sie sehen schon, wir befinden uns hier, um bei der Metapher zu bleiben, in einem Technikmuseum des frühen 20. Jahrhunderts, in dem ganz hinten in der Ecke ein Wärter döst, der noch nichts von Chips oder Datenautobahnen ahnt. Wenn also Michael Müller, der Chef der Berliner SPD, sich und seine Partei auffordert, einen Zahn zuzulegen, so hofft er damit auf bessere, das heißt paradoxerweise auf vergangene Zeiten seiner traditionsreichen Partei. Vielleicht träumt er auch wie der erwähnte Wärter von einem Geschwindigkeitsrausch, den nicht einmal ein in letzter Minute geretteter Opel bieten kann. Wir hier im Industriepark München-Ost verweisen zum Abschied auf den Befund des großen Dentisten und Kraftfahrers Bert Brecht: „Und der Haifisch, der hat Zähne/Und die trägt er im Gesicht."

Willi Winkler

Hinter die Löffel

Larissa Scheler möchte wissen, warum man sich bestimmte Dinge hinter die Ohren schreiben soll

Sehr geehrte Frau Scheler,

wenn wir ehrlich sind, gehört die Redewendung, um die es hier geht, zu denen, die niemand von uns jemals befolgt hat. Es gibt schließlich kaum etwas Akrobatischeres, letztlich auch Sinnloseres, als eine Notiz hinter dem eigenen Ohr anzubringen. Wer soll das lesen? Man selbst kommt ja wohl nicht dazu. Die Weigerung, diese Forderung in die Tat umzusetzen, steht aber in gar keinem Verhältnis zu der Häufigkeit, mit der diese Bitte im Leben an uns herangetragen wird. „Schreib dir das hinter die Ohren", dieser Satz bildete in den Kindertagen den Abschluss von längeren Mahn- und Schimpftiraden der Erziehungsberechtigten, und wir waren immer ganz froh, wenn die Aufforderung kam, denn sie galt als sicheres Zeichen, dass die Moralpredigt nun zu Ende war.

Aber wie so oft in dieser lehrreichen Kolumne muss hier an Zeiten erinnert werden, in denen die eigenhändige Beschriftung der Ohren zwar nicht wortwörtlich, aber in einem unheilvollen Übertragungssinn vorgekommen sein soll. Wenn Herrschaften im Mittelalter Verträge schlossen, nahmen sie als Zeugen einen Knaben mit, dem sie bei diesem Ereignis ins Ohr kniffen oder, wenn es sich um einen Vertrag mit besonderer Tragweite handelte, eine kräftige Ohrfeige verpassten. Durch diese physische Handreichung sollte der Knabe für alle Zeiten an den Moment der Vertragsunterzeichnung erinnert werden. In Bayern, berichtet der Sprachpfleger Lutz Röhrich, soll diese Praxis noch im 18. Jahrhundert gebräuchlich gewesen sein. Man nannte diese wirklich leidgeprüften Knaben testes per aures tracti, also an den Ohren gezupfte Zeugen, die, so erzählt Lutz Röhrich weiter, im Schwäbischen auch bei Feldbegehungen zum Einsatz kamen. Wenn es nämlich galt, Gemeindegrenzen zu bestimmen, ballerte man den Knaben dermaßen eine hinter die Löffel, dass sie sich noch im Alter an den genauen Ort des Grenzverlaufs erinnern konnten.

Eine andere, nicht weniger unangenehm nachwirkende Erklärungsgeschichte lieferte der Jurist und Philosophieprofessor Christian Thomasius im späten 17. Jahrhundert. Er will nämlich in einem Fachblatt gelesen haben, dass die Ohrläppchen mit einer „subtilen" Narbe an das Herz angeschlossen seien oder vielmehr das Ohrläppchen an das Herz. Und wenn man nun – wie es damals ja gang und gäbe war – einen Menschen hinter dem Ohrläppchen zur Ader ließ, so wurde dieser Mensch, gleich welchen Geschlechts er war, unfruchtbar. Nun haben Sie zwei Erklärungen, liebe Frau Scheler, die Sie sich spaßeshalber hinter jeweils ein Ohr schreiben können.

Hilmar Klute

Ach Marlene

Herr Janssen aus Herne wüsste gerne, was es
heißt, wenn man Kopf und Kragen riskiert

Sehr geehrter Herr Janssen,

nein, Kopf und Kragen werden Sie nicht riskieren, wenn Sie sich
zunächst kurz dem Ende von Klaus Störtebeker widmen: Aber
ein wenig gruseln darf es Sie! Der gefürchtete Unhold Störtebeker
sollte also hingerichtet werden, da gab's kein Pardon. Doch
wollte er immerhin die Henkersknechte überreden, wenigstens
jene seiner mitverurteilten Kumpanen zu schonen, an denen
er nach vollstrecktem Urteil noch vorbeilaufen konnte – mit
abgeschlagenem Kopf wohlgemerkt. Das wäre ihm tatsächlich
gelungen, hätte ihm der feindlich gesonnene Büttel nicht einen
großen Stein zwischen die Beine geworfen. Der Geköpfte fiel um,
und damit war es auch um Störtebekers Kameraden geschehen.

Sie hatten wie ihr Herr während ihrer räuberischen Karriere
immer wieder Kopf und Kragen riskiert. Und nun verloren sie
Kopf und Kragen durch die Hinrichtung mit dem Schwert.
Die Formulierung stammt aus der Rechtssprache. Wird einer
hingerichtet, sagt man auch: Man macht ihn um einen Kopf
kürzer oder: Er trägt den Kopf unterm Arm. Das weiß ein
alter Volksglauben und denkt dabei an schuldlos verurteilte

Märtyrer, die noch eine Weile ihr abgeschlagenes Haupt vor sich hertragen konnten: schuldlose, kopflose Opfer.

Also, Kopf hoch, lieber Herr Janssen, im alltäglichen Getrieb, bewahren Sie einen kühlen Kopf, rennen Sie nicht mit dem Kopf durch die Wand. Kopfzerbrechen mag Ihnen manches Problem bereiten, doch lassen Sie sich die Schwierigkeiten nicht über den Kopf wachsen, sondern überlegen Sie, wie Sie, falls nötig, den Kopf aus der Schlinge ziehen könnten. Sie sind schließlich nicht auf den Kopf gefallen. Immer wieder aber lässt sich einer von den Beinen der Dolores oder der schönen Elisabeth den Kopf verdrehen, und manch eine ist, wie Marlene mit rauchigem Timbre stoßseufzt, von Kopf bis Fuß auf Liebe eingestellt ... wie soll man da bloß den Kopf oben behalten?

All diese kopfhaltigen Feststellungen machen einem bewusst, mit welcher Detailfreudigkeit sich die Sprache und ihre Redewendungen diesem edlen Körperteil widmen: So darf sich einer, der als ein kluger Kopf gelobt wird, bestätigen (wenn's auch ein wenig selbstgefällig klingt), dass er Köpfchen hat. Eine eigene Kategorie sind die Großkopferten, die Dickköpfigen und die Sturschädel. Die hängen an ihren Köpfen. Das ewige Gespenst Hui Bu dagegen, das nächtens durch düstere Schlossgewölbe spukt und König Julius, den neuen Schlossherrn, ärgern will, wirft mir nichts dir nichts seinen Kopf in die königliche Blaubeersuppenschüssel.

Birgit Weidinger

Rülps!

Herr Sommer aus Warstein und Frau Braunmiller aus Trier interessieren sich für das „Bäuerchen"

Sehr geehrte Frau Braunmiller, sehr geehrter Herr Sommer, acht Bauern stehen im Schach auf beiden Seiten. Doch weit und breit kein Bäuerchen. Geben wir's am besten gleich auf, das Schachspiel. Wenn ein echter, ein strammer Menschenbauer ein Bäuerchen macht, dann denken wir möglicherweise an den Liebesakt um des erwünschten Hoferben willen. Vielleicht erinnert sich der eine oder die andere auch noch an Wolf Wondratscheks hübsches Büchlein *Ein Bauer zeugt mit einer Bäuerin einen Bauernjungen, der unbedingt Knecht werden will.* Das Bäuerchen aber, nach dem Sie fragen, liebe Julia Braunmiller und lieber Karsten Sommer, hat mit all dem nicht das Geringste zu tun.

Oder doch? Oder wenigstens ein bisschen? Sie, Herr Sommer, interessieren sich für ein Bäuerchen, das ein Baby macht (es empfiehlt sich, ihm dazu sehr sanft auf den Rücken zu klopfen). Das ist beileibe nicht der vom Menschenbauern gewünschte Nachkomme. Und Sie, Frau Braunmiller, denken dabei an Ihren Freund, der sich nach einem zu großen Schluck aus dem Bierglas für ein Bäuerchen entschuldigte. Beide, Baby und

Freund, verblüfften mit kurz ruckartig und geräuschvoll ausgestoßener Luft. Sie wissen das. Aber was hat das mit einem echten, strammen Bauern zu tun, auch wenn man verniedlichend Bäuerchen sagt?

Nichts wirklich Gutes. Den Bauern ist im Reich der deutschen Sprache viel Unrecht geschehen: Es ist kaum zu fassen, was für eine ungeheure Menge von Schmähungen und Schimpfkanonaden der emsige Sammler Karl Friedrich Wilhelm Wander unter dem Stichwort „Bauer" für sein großes *Deutsches Sprichwörter-Lexikon* zusammengetragen hat. Von der obszönen bis zur hochmütig-arroganten Variante fehlt nix. Ab und zu, aber sehr, sehr selten, gibt es auch nette Sprüche à la „der Bauer ist so gut wie der Edelmann" oder sogar noch besser. Heute noch lebendig, doch kaum noch auf Bauern angewandt wird: „Die dümmsten Bauern haben die größten Kartoffeln". Dieser Bauernspruch zielt immer auf Nicht-Bauern.

Die meisten armen Bauern galten, Gott sei's geklagt, als dumm, faul, dreckig und gefräßig. Irgendwann einmal, wir wissen nicht von wem, wurde ihnen die als bäuerlich geltende Sitte unterstellt, wie Sprachexperte Röhrich sich vornehm ausdrückt, „zum Zeichen der Sättigung nach dem Essen laut zu rülpsen". Da haben wir's! Der laute, kräftige Rülpser ist der Bauer des Bauern. Der zarte, feine, ungewollte aus Baby- oder Freundesmund, der ist das Bäuerchen. Freund und Baby hatten Luft geschluckt. Und die muss wieder raus. Mit den Bauern hat das nichts mehr zu tun.

Klaus Podak

Mund weit offen

Kurt Müller aus Kaufbeuren würde gern
Maulaffen feilhalten, wenn er bloß wüsste, wie

Sehr geehrter Herr Müller,

der Mensch, wird uns seit hundertfünfzig Jahren immer wieder
versichert, der Mensch stammt nicht vom Affen ab. Sie sehen ja
manchmal recht possierlich aus, die Tiere. Die Schimpansen zum
Beispiel hocken teilnahmslos herum, lausen sich ein bisschen,
essen ein bisschen und sind beim nächsten Wimpernschlag
auf dem – wo sonst? – Affenbrotbaum. Da schaukeln sie sich
kunstreich, schnattern und fletschen die Zähne. Der Mensch sei
ein großer Fasan auf der Welt, weiß die Schriftstellerin Herta
Müller, aber ein Affe? Nein, der Mensch ist kein Affe. Er ist
nicht so behend, nicht so verspielt, nicht so haarig, aber er kann
Maulaffen feilhalten.

   Der Maulaffe, das verrät der Grimm, bereichert die Zoologie
bereits seit dem 15. Jahrhundert, und der große Schimpfer Martin
Luther hatte seine besondre Freude an ihm. Als Luther 1522
seine saftige Polemik *Wider den falsch genannten geistlichen
Stand des Papstes und der Bischöfe* aufs Pergament wirft, sieht
er überall Lotterleben und Verderbnis und mittendrin Belphegor,
den heidnischen Gott Baal, der sich immer mit offenem Mund

zeigte. Dieser schlimme Finger ist Luther zufolge „ein Mann, dem das Maul aufgesperret stehet, den wir auf deutsch nennen, Maulaffen". Die Kanonade geht noch weiter, lappt dann doch sehr ins Sexuelle, weshalb wir hier lieber abbrechen. Den Maulaffen in seiner frühneuzeitlichen Form verbindet mit dem Affen im Zoo, dass er keiner sinnvollen Tätigkeit nachgeht, was nicht nur Luther ein Gräuel ist. Auch Goethe, Kotzebue und Kleist empören sich über den Nichtsnutz. Der Kamm der Kritiker schwillt noch mehr, wenn die Maulaffen auch noch feilgehalten, wenn die anderen, naturgemäß streb- und arbeitsameren Bürger also durch das geradezu äffische Lungern belästigt werden.

Wenn wir eine Hypothese wagen dürfen, sehr geehrter Herr Müller, dann kommt der Maulaffe mit dem Kapitalismus in die Welt, der die Arbeit und bald auch das Leben organisiert. Der Maulaffe steht dafür nicht zur Verfügung. Lieber will er weiter unnütz sein, ein Ärgernis vor Gott und den Menschen. Friedrich Schiller hat diesen Zusammenhang gesehen, denn in *Kabale und Liebe* lässt er die Soldaten fragen, wie viel der Fürst verdient, wenn er sie nach Amerika verkauft: „Aber unser gnädigster Landesherr ließ alle Regimenter auf dem Paradeplatz aufmarschieren und die Maulaffen niederschießen."

Es steht Ihnen aber selbstverständlich frei, sich für eine andere Version zu entscheiden. In Marburg, auch das weiß der Grimm, nennen sie ein mürbes Weizengebäck einen Maulaffen.

Willi Winkler

2. Rund um die Uhr

Weil mir so fad is ...

Frau Eva-Maria Franz aus München findet es
bedauerlich, dass man die Zeit totschlägt

Sehr geehrte Frau Franz,
„die Zeit, die ist ein sonderbar Ding. Wenn man so hinlebt,
ist sie rein gar nichts. Aber dann auf einmal, da spürt man
nichts als sie. Sie ist um uns herum, sie ist auch in uns drin-
nen. In den Gesichtern rieselt sie, im Spiegel da rieselt sie, in
meinen Schläfen fließt sie... " Die nachdenklichen Worte der
Marschallin im *Rosenkavalier* bezeugen, wie einzigartig, wie
flüchtig, wie unergründlich dieses sonderbare Ding ist. Dass
solche Einzigartigkeit totgeschlagen werden kann, finden
Sie, Frau Franz, zurecht schade. Die drastische Formulierung
zeigt auch die Hilflosigkeit dessen, der mit der Zeit nicht um-
gehen kann und ihr den Garaus machen will. Auch die bösen
Wiener Kabarett-Buben haben zeitbedingte Nöte: „Was kann
denn i dafür, daß i a so viel Zeit hab? I hab nix zum tun!"
raisonnieren sie in dem drögen Song, in dem ihnen „so fad is
...". Sie wissen nicht, wie sie (sich) die Zeit vertreiben sollen –
„to kill time", sagen die Engländer, ziemlich rigoros, „tuer le
temps" heißt es entsprechend bei den Franzosen.
Totschlagen kann man auch eine Diskussion durch sogenannte

38

Totschlagargumente, das sind Argumente oder Vorurteile, die dazu dienen sollen, Widerspruch zu verhindern und das Gegenüber madig zu machen. Typische Scheinargumente heißen: „Da könnte jeder kommen; alle Erfahrungen sprechen dagegen (dafür); das ergibt keinen Sinn". „Killerphrasen" lautet eine andere Bezeichnung für die Phrasen, die hier verwendet werden. Und wenn es zu Mord und Totschlag kommt, dann wird kein juristischer Unterschied gemacht zwischen den beiden Delikten – mit der Doppelung wird die Unerbittlichkeit des Streits betont.

Zurück zur Zeit: Was will der, der Zeit „schindet"? Er muss notwendige Zeit gewinnen, mit Methoden, die auch nicht immer sehr fein sind. Schinden bedeutet ursprünglich: einem auf der Folter die Haut abziehen. Rainer Maria Rilke ist voller Nachdenklichkeit: „Wunderliches Wort: die Zeit vertreiben! Sie zu halten, wäre das Problem. Denn, wen ängstigts nicht: wo ist ein Bleiben, wo ein endlich Sein in alledem?" – „Spielen heißt die Zeit vertreiben, arbeiten die Zeit festhalten", weiß der Barockdichter Christian Reuter in seinem Lustspiel *Die ehrliche Frau zu Plissine*.

Und wenn das Leben zu Ende geht, heißt es (belegt seit der 2. Hälfte des 17. Jahrhunderts): „Der Sterbende segnet das Zeitliche." Das Spiel ist aus, die Zeit ist um – tempi passati. Der Mensch nimmt Abschied von der Zeitlichkeit, denkt über seine Lebzeiten nach, bedauert jene Zeiten, in denen er die Zeit totgeschlagen hat. Und erbittet Gottes Segen und Vergebung.

Birgit Weidinger

Die Welt
als Christbaum

Herr Ralf Buhl aus München will wissen,
was es mit der Bescherung auf sich hat

Sehr geehrter Herr Buhl,
was ihm das Weihnachtsfest beschert, wird vom Empfänger
manchmal mit gemischten Gefühlen begutachtet. Auch wenn
es nett gemeint ist. Früher, so weiß der Duden, betraf das nur
im Deutschen gebräuchliche Wort (mhd. *beschern* = zuteilen,
verhängen, ahd. *scerjan*, aengl. *scierian* = zuteilen, bestimmen)
meist Gott und das Schicksal: Es ist mir beschert, hieß es. Oder
im Gebet: Segne, was du uns bescheret hast. Seit dem 18. Jahrhundert wurden den Kindern die Weihnachtsgeschenke als Ga-
ben des Christkinds angekündigt. Dann driftete der Sinn ins
Ironische: Eine schöne Bescherung, im Sinn einer unangeneh-
men Überraschung, wurde draus – und das galt nicht nur für
die Weihnachtszeit.

Ganz verschieden gehen auch Dichter und Schriftsteller mit
der Bescherung um: schwarzhumorig, weihevoll oder ironisch:
So beschreibt Wilhelm Busch in seiner absurden Geschichte
Eduards Traum, was einer Metzgersfrau zustößt: „Schleunig
drücken sich die Heringe in ihre Tonnen; die Käse verduften;
der Schnupftabak verkrümelt sich, aber sämtliche Eier, die nun

doch weniger gut rochen, als man's ihnen bei Lebzeiten allgemein zugetraut, verquirlt mit den sonst noch Verdrückten und Verunglückten, blieben zermatscht auf dem Platze; während die Metzgersfrau, die inmitten der ganzen Bescherung saß, die erschlaffte Wurst in der erhobenen Rechten schwang und in einem fort plärrte: Es gibt keine Richtigkeit mehr in der Stadt!"

Erich Kästner höhnt in einer bitteren Parodie auf den Weihnachtsmann: „Morgen, Kinder, wird's nichts geben! Nur wer hat, kriegt noch geschenkt. Mutter schenkte euch das Leben. Das genügt, wenn man's bedenkt. Einmal kommt auch eure Zeit. Morgen ist's noch nicht so weit. Doch ihr dürft nicht traurig werden. Reiche haben Armut gern. Gänsebraten macht Beschwerden. Puppen sind nicht mehr modern. Morgen kommt der Weihnachtsmann. Allerdings nur nebenan."

Arno Holz gerät vor dem Fest und der Bescherung ins Schwärmen: „... wir sind große verständige vernünftige Leute! Nur eben heute nicht, heute, heute! Über uns kommt es wie ein Traum, ist nicht die Welt heut ein einziger Baum, an dem Millionen Kerzen schaukeln? Alte Erinnerungen gaukeln aus fernen Zeiten an uns vorüber. Und jede klagt: Hinüber, hinüber! Und ein altes Lied fällt uns wieder ein: O selig, o selig, ein Kind noch zu sein!"

Auch wenn Sie kein Kind mehr sind: Mögen Sie, verehrter Herr Buhl, so beschert werden, dass Sie ganz ohne Ironie und freudig von einer schönen Bescherung sprechen können.

Birgit Weidinger

Fertig ist sie nie

Herr Horst Wanetschek aus Murnau
wüsste gern, wann die Laube fertig ist

Sehr geehrter Herr Wanetschek,

es ist recht gut von Ihnen, unsere novembertrüben Gedanken
mit einer so leichtgewandeten Frage aufzuhellen. Denn die Laube, die etymologisch zwar leider nicht von der italienischen lo-
canda herkommt, sondern vom jahreszeitlich bedingten Abfall
der Bäume, erinnert ja an besonntere Tage, als wir im Freien
das eine oder andre Glas tranken und das Arbeiten anderen
überließen.

Die Laube, so belehrt uns Dr. Moriz Heyne im 1885 erschienenen sechsten Band des Grimm'schen Wörterbuchs, „bezeichnet eine besondere art des nationalen bauwesens, das aus reisig,
ästen, hürdenwerk errichtete kleinere oder schlichtere werk (im
gegensatz zu dem festeren gebäu, welches aus stämmen oder
bohlen zusammengefügt ward)". Vor gut 125 Jahren wurde
nämlich recht national gedacht und noch größer gebaut. Deshalb gelang es nach Jahrhunderten, in denen sich regste Bau-
tätigkeit mit totenstiller Ruhe abgewechselt hatte, im Oktober
1880 den Kölner Dom zu vollenden. Ein Protestant, der deutsche Kaiser Wilhelm I., weihte ihn pompös ein, und feierte das

größte Bauwerk der damaligen Welt als „hehres Denkmal zum Heile des Vaterlandes".

Wir haben es also in diesem bewegten 19. Jahrhundert mit zweierlei Gebäu zu tun: dem himmelstürmenden Monumentalbau zur Feier deutscher Größe, und andererseits mit dem eher gedrungenen Unternehmen, das die Kleinheit und die Individualität feiert. So wie der Dom zu Köln nie fertig werden wollte , ist der Laubist nie mit seinem Hüttchen zufrieden, bessert hier aus, dichtet da ab, nagelt, schneidet, fräst und aufsitzrasenmäht dann wieder das bisschen Grün drum herum. Als ewiges Provisorium baut sich der Berliner seine Hütte mitten ins Häusermeer der Großstadt. Er liebt seine Laube, als wär's eine Palladio-Villa zwölfhundert Kilometer weit weg im Süden von Reinickendorf. Jedes Wochenende wendet der Lauberer daran und wird niemals fertig.

Die Redensart, nach der Sie fragen, sehr geehrter Herr Wanetschek, bezeichnet einen Rummsbumms-Abschluss und sie überdeckt ein wahrhaft philosophisches Problem: Soll die Laube denn überhaupt je vollendet werden? So rasch sie nämlich fertig ist – ein paar Bretter, ein Dach darüber, fertig ist die Laube –, so wenig ist sie vollendet, im Gegenteil, das Unvollkommene, hier wird's zum Ereignis. Gerade das Unfertige, die Dauerbaustelle Laube, müssen wir uns als Denkmal wo nicht nationaldeutscher, so doch der Kraft des Laubenbaumeisters vorstellen, der – aber wo denn sonst – in der hehren Tradition der Kölner Dombauhütte steht. Und da wollen wir ihn für heute auch stehen lassen.

Willi Winkler

Musenfreundin

Frau Charlotte Keller aus München wundert
sich, dass Morgenstund Gold im Mund hat

Sehr geehrte Frau Keller,

Gold, Gold – nicht nur Thomas Gottschalk schreit danach.
Gold ist überall ... Schweigen ist Gold, die Sonne ist golden,
golden ist die Mitte, golden der Ersatzzahn, golden der Barren.
Verehrt wurde das goldene Kalb, Goldmacher träumten vom eigenen Gold, Goldfasane protzten in ihren Uniformen. Zu allen
Zeiten ziehen goldige Girls betuchten Kunden das Geld / Gold
aus der Tasche, rackern sich Goldgräber ab, hoffen hoffnungslose Anleger auf goldene Zeiten – nach Golde drängt, am Golde
hängt doch alles! Was Wunder, dass auch die sprichwörtliche
Morgenstund Gold im Mund hat, sie ist Gold wert, denn der
Frühaufsteher schaltet schneller, mehrt Leistung und Lohn.

Die Geschichte der Redewendung hat Varianten. Ursprünglich galt, dass die deutsche Fassung der wortgetreuen Über-
setzung eines lateinischen Lehrbuchsatzes folge: aurora habet
aurum in ore. Aurora ist die Göttin der Morgenröte, die Gold
im Mund und im Haar trägt. Die schöne Außerirdische hat die
Phantasie angeregt: In Norwegen fallen Goldstücke aus ihrem
Mund, und Gold fällt aus ihrem Haar, wenn sie sich kämmt.

In Schweden beschert sie, wenn sie lacht, einen Ring, in Dänemark sind es Edelsteine.

Nach umfänglichen Recherchen aber hat sich die Gelehrtengilde darauf geeinigt, dass dieses lateinische Sprichwort eine Erfindung sei – Hilfsmittel eines listigen Lateinlehrers, der seinen Schülern gleich drei neue Vokabeln auf einmal eintrichtern wollte. Ein anderes lateinisches Sprichwort wird nun als „rechtmäßiger" Vorläufer des deutschen Morgenstund betrachtet: Es heißt „aurora musis amica" – die Morgenstunde ist die Freundin der Musen. 1497 wurde dieses lateinische Dictum in einem Brief von Erasmus von Rotterdam gefunden, 1585 wurde die deutsche Fassung in einer Sprichwörtersammlung erstmals nachgewiesen.

Gern und häufig wird die Morgenstund drastisch parodiert: Sie hat „Gold im Mund und Blei im Arsch" (für den, der schwer aus dem Bett kommt). „La fortune appartient à ceux qui se lèvent tot", sagen die Franzosen, das Glück gehört den Frühaufstehern. „The early bird catches the worm", erklären die Engländer mit einem Blick auf die Tierwelt. Und Morgenmuffel setzen seufzend auf eine Verballhornung, in der sie absichtsvoll oder scheinheilig warnen: Morgenstund (statt Müßiggang) ist aller Laster Anfang.

Bert Brecht hat 1930 das begehrte Gold in einem Epigramm sozialkritisch verdüstert: „Ach, des Armen Morgenstund/Hat für den Reichen Gold im Mund./Eines hätt ich fast vergessen:/ Auch wer arbeit', soll nicht essen!"

Birgit Weidinger

Auf und zu

Frau Gertrud Stühler aus Roth wundert sich
über den Ausdruck „Jetzt ist Polen offen"

Sehr geehrte Frau Stühler,

wir wundern uns aber schon auch. In der Schule waren die
polnischen Teilungen (drei innerhalb von 25 Jahren!) ein ge-
fürchtetes Thema. Die ganzen Kriege drumherum, das Geha-
kel zwischen Maria Theresia und Friedrich II., die preußische
Landgewinnung oder Ostkolonisation, ein ewiges Metzeln und
infernalisches Kartenzerreißen. Die Polen entwickelten sich zu
den Waisenkindern Europas, Polen und seine Bewohner wurden überall redensartlich und entsprechend abfällig behandelt.
Eine „polnische Ehe" wird andernorts als „wilde" bezeichnet,
die „polnische Wirtschaft" ist eine schlampige, und wer sich
„auf polnisch" verabschiedet, tut das womöglich noch unhöf-
licher als einer, der sich französisch empfiehlt. Die „Polnische"
oder auch „Polische" ist die Frau im Volksstück, manchmal
auch in der Wirklichkeit, von unbekannter, auf jeden Fall frem-
der Herkunft und in der Dorfgemeinschaft entsprechend behandelt. Neben derlei herabsetzenden Bezeichnungen ließen
sich die westlichen Nachbarn gern vom polnischen Pathos er-
greifen. Das westliche Europa lauschte entzückt dem himm-

lischen Klavierspiel des Frédéric Chopin. Dass Polen nicht verloren sei, trugen freiheitsbewegte Studenten und Bürger in allen westlichen Städten auf den Lippen. Mit dem Satz „Noch ist Polen nicht verloren" beginnt der 1797 von Josef Wybicki geschriebene Dombrowski-Marsch, aus dem die polnische Nationalhymne wurde.

Aber zu Ihrer Frage. Wir stehen vor einem Rätsel. „Jetzt ist Polen offen" erklärt der verlässliche Lutz Röhrich als eine politik- und geschichtsferne idiomatische Wendung. Sie bedeute, dass die Aufregung groß sei oder dass man sich in einer Situation befinde, in der alles erlaubt und möglich ist. Das große Duden-Wörterbuch bestätigt die Erklärung und bringt als Nachweis nur das kryptische Kürzel H.u., das sich als „Herkunft unbekannt" auflöst. Woher also könnte das offene Polen kommen? Lutz Röhrich immerhin glaubt in Schlesien die mundartliche Wendung „Dö is Polen uffe un Frankreich zu" gehört zu haben. Das klingt interessant, wenn auch nicht sehr hilfreich und ist historisch eher ein Missverständnis, denn die Polen flohen im 19. Jahrhundert vor der Unterdrückung in den Westen; viele nach Frankreich. Offen war Polen für die umgebenden Mächte: Der Zweite Weltkrieg begann mit dem deutschen Angriff auf die Westerplatte ... So kommen wir aber nicht weiter. Belassen wir es, sehr geehrte Frau Stühler, bei einem Seufzer: Seit dem Abschied des hochmerkwürdigen Premiers Jaroslaw Kaczynski ist Polen wieder offen.

Willi Winkler

Leichten Fußes

Der sechsjährige Laurenz Zibert aus München
fragt, warum er sich auf die Socken machen soll

Lieber Laurenz Zibert,

alle haben Socken, besonders im saukalten Winter, wenn einem
ohne Socken die Füße fürchterlich frieren. Socken sind kurze, dicke Strümpfe, meist aus warmer Wolle. Alles scheint klar
zu sein mit den Socken. Wirklich alles? Du fragst, lieber Laurenz, was es auf sich hat mit diesem komischen Spruch. Man
zieht sich, fragst Du weiter völlig richtig, doch Schuhe an über
die Socken. Soll das vielleicht bedeuten, einer zieht die Schuhe
aus, wenn er sich auf die Socken macht und sich leise davon-
schleicht? So könnte es sein. Aber ist es wirklich so gewesen, als
Menschen diesen Satz erfunden haben?

Wenn wir solchen Fragen nachgehen, dann überlegen wir erst
einmal, wo das Hauptwort der Frage herkommt und was dieses
Wort bedeutet hat, als die Menschen anfingen, es in solchen komischen Sätzen zu benutzen. Woher haben wir das Wort „Socke"? Die Antwort finden wir in schlauen Büchern, in denen
die Geschichten der Wörter aufgeschrieben sind. Da erfahren
wir, dass „Socke" in früheren Zeiten gar nicht in der deutschen
Sprache vorkommt. Es hieß einmal *soccus* und stammt aus dem

Latein, der Sprache der alten Römer. Ein Soccus war bei ihnen ein niedriger, leichter Schuh. Ihn trugen Schauspieler in lustigen Theaterstücken, den Komödien. In den traurigen Theaterstücken, den Tragödien, trugen sie andere, viel höhere Schuhe. Die hießen Kothurn. Als niedriger Schuh kam der Soccus auch in die deutsche Sprache und wurde da bald Socke genannt. Aber bei dieser Wortverwendung blieb es nicht. In einem alten Buch lesen wir: „Die Socke ist auch als Überzug über das Schuhwerk verwendet". Socken konnte man also als Schutz auch über Schuhe ziehen.

Bald entstand beim Gebrauch des Wortes Socke ein ziemliches Durcheinander. Socken waren einmal (vor allem bei Soldaten) leichte Schuhe, ein anderes Mal etwas Leichtes, was man über die Schuhe zog, schließlich dicke, kurze Strümpfe, die in die Schuhe gehörten. Socken konnten ganz Verschiedenes sein. Letztlich wurden sie zu dem, was wir heute meinen, wenn wir von Socken reden: die warmen Dinger in den Schuhen. In einem alten Lied hieß es einmal: „Die Schuh warn sehr zerbrochen/ da lief ich auf den Socken". Man konnte die Socken wie Schuhe gebrauchen, wie die niedrigen, leichten Schuhe der Schauspieler im alten Rom. Socken wie Schuhe gebraucht sind leise. Wenn ein Mensch sich heute auf die Socken macht, dann bewegt er sich unhörbar davon. Oder er schleicht schnell weg, wie mit leichten Schuhen, auf leisen Sohlen.

Klaus Podak

Durch Nacht zum Licht

Frau Gudrun Starck möchte gerne erfahren, warum es stockdunkel, -duster, -finster ist

Verehrtes Ehepaar Starck,

„mit ihren 83 Jahren" schreiben Sie, Herr Starck, „ist meine Frau, mit der ich seit 61 Jahren verheiratet bin, zum Glück immer noch neugierig." Ihre Frau lässt nun durch Sie bei uns anfragen, warum die dunklen, finsteren Eigenschaften der Nacht durch die Vorsilbe stock- verstärkt werden. Dazu sagen wir gerne etwas.

Wir alle wissen, dass die Nacht, wunderbar, unheimlich, unergründlich, sich auch sprachlich sehr reichhaltig gestaltet und entfaltet: Lieblich ist sie als Maiennacht; kummervoll für den, der auf seinem Bette weinend saß. Sie ist nicht nur zum Schlafen da, steigert sich in Hamburg zu langen Nächten, entwickelt sich in München zur langen Nacht der Literatur, kann stille sein und heilig oder blau wie die blaue Nacht am Hafen, und sie gleitet schwarz und schwärzer ins Dunkel. Wird zur samtenen, schützenden Verhüllung oder zum schreckenerregenden Hinterhalt: stockfinster.

Dieses Sprachbild, so weiß unser Gewährsmann Lutz Röhrig, kommt vom Stockeinsatz in alten Bauernwagen, bei denen ein Stock, zwischen die Räder geschoben, den Wagen auf abschüssiger Fahrt zusätzlich bremsen, ihn aber auch, wenn der Wagen steckengeblieben war, als Hilfsmittel wieder anschieben, beschleunigen konnte. Das Stockhaus, wie das Gefängnis damals hieß, jener hoffnungslose Ort, war dumpf und meist stockfinster. Stickfinster sagte man zunächst, keinen Stich konnte man mehr sehen in diesem Verlies. Bald wurde aus stick- die Vorsilbe stock-. Und die setzt man seitdem als Verstärkung allen möglichen schlechten Eigenschaften voran: stocksteif, stocktaub, stockdumm, stockblind sind unbeliebte Zeitgenossen, verstockt die Sünder, die nicht bereuen wollen.

Das völlige Dunkel nennt man vielfach auch zappenduster. Eine Wendung, die aus Berlin stammt und sich wohl auf das Dunkel der Nacht nach dem Zapfenstreich bezieht. Auch vom Rotwelschen leitet man sie ab, wo zofon Mitternacht bedeutet.

Noch etwas Erhellendes: Wenn man die Harmonie zwischen zwei Personen loben will, sagt man, dass das Stöckchen zum Hölzchen gekommen ist. Das dürfte auch auf Sie zutreffen, verehrtes Ehepaar Starck: Gemeinsam haben Sie sicher schon manches Licht in zappendustere Situationen gebracht.

Birgit Weidinger

Verlängerung

Manfred Matiack aus Straßberg wüsste gerne,
warum das Gesäß Allerwertester genannt wird

Lieber Manfred Matiack,

das Gesäß verfügt über eine erstaunliche Vielfalt von Ausdrücken. Allen diesen Wortspielen ist eines gemeinsam: Sie wollen den Arsch beschwören, sich mit ihm befassen, ohne ihn Arsch zu nennen. Es werden derb und harmlos oder wohlklingend auftretende Varianten in großen Mengen ersonnen, um das Interesse am Arsch in akzeptierten Ausdrucksformen belegen zu können. Er ist ein intimer Bestandteil unseres Körpers, der starke erotische Reize ebenso wie Schamgefühle auslösen kann.

Sehr viel Verhalten hat mit ihm zu tun. Deshalb auch die zahlreichen Wendungen und Umschreibungen, und die Beschönigungen, die sich mit zunehmender Verfeinerung der Ausdrucksweise entwickelt haben und in die Umgangssprache gelangt sind: Sitzfläche; die vier oder fünf Buchstaben; Erziehungsfläche; Hinterer; Südpol; Hintergestell; Hinterviertel; Podex; Popo; Verlängerung des Rückens; Armloch; Armleuchter.

Eine der schönsten Varianten aber bleibt der Allerwerteste. Er klingt gut, drückt sich positiv aus, und man weiß genau, was gemeint ist. Die Bezeichnung geht ins frühe 19. Jahrhundert zurück und hat sich um 1870 zu einem volkstümlichen Euphemismus entwickelt. Der wurde – wohl in scherzhafter oder leicht ironischer Bedeutung – übernommen von ehemals gebräuchlichen, heute veralteten, als fein geltenden Anredeformen wie „werter Herr".

Klaus Podak

Hüfte ist Trümpf

Herr Bonn möchte gerne wissen, wann und warum er fünfe grade sein lassen darf

Sehr geehrter Herr Bonn,

das dürfen Sie ruhig, oder jedenfalls so lange, wie wir uns hier überlegen, wo diese Redensart wohl herkommt. Dass einer nicht bis drei zählen kann, zwei und zwei nicht zu vier zusammenkriegt, um wenigstens die Zahl der Himmelsrichtungen zu bezeichnen, kennt man ja, sieben ist die Zahl der Todsünden oder auch die Bezeichnung für besonders ausdauernde Schläfer, das Achteck ist das architektonisch aufwendigere Viereck, gar mancher ist neunmalklug – warum aber sollte man ausgerechnet fünf gerade sein lassen? Fünf Sinne gibt es, fünf Erdteile gab es früher, fünf Mal täglich betet der fromme Muslim, und in den fünf Ecken des Pentagramms wird der böse Zauber gebannt, wenn das Böse nicht doch erst draus entsteht. (Komisch allerdings, dass Mephisto Faust dann auffordert, seine Einladung gleich drei Mal auszusprechen, weil das Pentagramm vor der Studierstube für den Teufel anders nicht zu überwinden ist.) Vor einigen Jahren verfiel die damals noch so geheißene Bundespost auf die glorreiche Idee, aus der vierstelligen eine fünfstellige Postleitzahl zu machen und diese Neuerung mit einem der dümmsten Reime zu begleiten, den eines Menschen Ohr je hat vernehmen müssen: „Fünf ist Trümpf."

Wir wollen nun die Vermutung wagen, dass mit dieser Redensart eine Ausnahme bezeichnet werden soll. Der Mensch wurde doch vom Paradiese her verpflichtet, sein Brot im Schweiße seines Angesichts zu verdienen. Gekrümmt schleppte die Bäuerin den Ertrag vom Feld nach Hause, knotig durchgebogen waren die Hände des Steineklopfers, des Hufschmieds, des Maurers. Wenn Gott nicht schon in seinem Schöpfungsbericht niedergelegt hätte, dass er vom vielen Welterschaffen ebenso rechtschaffen müde wurde und schließlich ruhte, hätte das mit dem Arbeiten noch ewig weiter gehen können. So aber haben wir die allerhöchste Erlaubnis, wenigstens hin und wieder nichts zu tun und fünfe, die fünf Finger, gerade sein zu lassen. Davon wäre die heutige Bedeutung abzuleiten: dass man sich nicht so haben solle, nicht päpstlicher als der Papst sein und es zumindest diesmal nicht so genau nehmen wolle. Aber merken Sie, wie da jeweils die Vorschriften, die Tradition, die ewige Arbeit und Anspannung drücken?

Wollen wir also unser heutiges Wort zum Samstag mit einem, nun ja, Fingerzeig beenden, den wir dem Deutschen Arthrose-Forum verdanken. Dort empfiehlt Silvia K. allen, die wie sie nach der Operation wieder nach Hause kommen, „auch mal Fünfe grad sein" zu lassen: „Wenn Ihnen was runterfällt, lieber liegen lassen, bis jemand kommt, als die neue Hüfte ruinieren."

Willi Winkler

3. Schmeckt's?

Er kann nicht anders

Herr Robert Bader aus Augsburg wüsste gern,
warum der Teufel in der Not Fliegen frisst

Sehr geehrter Herr Bader,
Sie haben natürlich recht: Warum sollte der Teufel, dem es wegen seines privilegierten Arbeitsplatzes nicht schwerfallen sollte, wenigstens einmal am Tag warm zu essen, warum sollte ausgerechnet der Teufel sich mit ein paar Fliegen begnügen? Und weiter: Warum sollte der Teufel Not leiden, wenn die Zahl der Sünder doch keineswegs kleiner wird mit den Jahren? Die Antwort auf diese letzten Fragen besteht in einem einzigen Satz: Der Teufel ist auch nur ein Mensch. Er hungert, es dürstet ihn, er fühlt wie du und ich den Schmerz, er ist eifersüchtig, jähzornig, maßlos, kleinlich, verschlagen, einfach alles.

Mag schon sein, dass jetzt die Herren Theologen kommen und uns verwirren mit der Geschichte vom gefallenen Engel, der den Anblick des Allmächtigen nicht mehr ertragen wollte und aus Trotz den unbedingten Widerpart machte und damit das Prinzip des Bösen in der Welt etablierte. Alles richtig, doch führt es hier nicht weiter. Der Teufel gilt als Herr der Fliegen, jedenfalls schmähten die Juden den Gott der zuzeiten übermächtigen Babylonier so, nannten ihn einen Fliegengott, der sich von allerlei Geschmeiß anbeten ließ. Dass er seine Fliegen auch gefressen hätte, ist nicht überliefert, doch wandelt sich der fürchterliche Baal – als Augsburger erinnern Sie sich doch an Brechts junggeniale Anbetung dieses Wüstlings – vom allmächtigen Gott zum verachtenswerten Fliegenschnäpper. Dabei handelt es sich gewiss um den Versuch, sich den ungreifbaren und allgegenwärtigen Teufel vom Leib zu halten, indem man ihn der Lächerlichkeit preisgibt. So wurde der Böse zu einem Menschen wie du und ich, und die Not, die kein Gebot kennt, machte selbst vor dem Teufel nicht Halt. Die Zeit, da die Menschen richtige Not litten, ist zumindest hierzulande vorbei, in Redensarten wie der vom Teufel, der auch nicht anders könne, als Fliegen zu essen, ist sie aber noch gegenwärtig.

Kurt Tucholsky schrieb vor bald achtzig Jahren eine rätselhafte Geschichte, die vom Fliegengott handelte. Als Gespenst, als Drohung, als Teufel, der nach der armen Seele trachtet, steht dieser Fliegengott abends im dämmrigen Flur, vielmehr schwebt er leicht über dem Boden, jederzeit bereit, den Mörder so vieler Fliegen abzumurksen. Aufgeklärt, wie wir sind, wissen wir natürlich, dass es sich bei dem Spuk nur um ein Gespenstergespenst handelt. Und doch endet dieses kleine Feuilleton, das 1929 in der Vossischen Zeitung erschien, so gruselig wie ein Mysterienspiel von der Höllenfahrt des Sünders: „Jeder Herzschlag klopft dem Grabe zu. Weiter und weiter – unaufhaltsam. In mir wächst der Tod."

Willi Winkler

Valentins Knödel

Albert Jehle wüsste gerne, was es mit dem
Aufbrezeln und dem Versemmeln auf sich hat

Sehr geehrter Herr Jehle,
Karl Valentin hat in seinem Dialog von den Semmelnknödeln
ein für alle Mal festgestellt, dass und weshalb eine einzelne
Semmel nicht ausreicht, um die Beschaffenheit mehrerer Knö-
del zu definieren. Es muss heißen: Semmelnknödeln. Dass über
Bayern hinaus die Semmel mit der Vorsilbe ver- auch als an-
schauliches Tätigkeitswort gerne gebraucht wird, verbindet sie
mit anderen (saloppen) Ausdrücken wie vergeigen, versieben,
vergurken. Man versemmelt eine Chance, wenn einem etwas
missglückt oder wenn man Pech hat, aber es gibt auch Positives: Rennsemmel heißt man liebevoll das vertraute Auto oder
einen alten Kollegen. Und wenn eine Ware weggeht wie war-
me Semmeln, wird keck behauptet, dass sich tatsächlich nichts
besser verkauft als frisch aus dem Ofen kommendes goldgelbes
Gebäck. Ein weiterer Beleg dafür, wie stolz die Deutschen auf
ihr Backhandwerk sind.

Ihren Namen bezieht die Semmel vom feingemahlenen Weizenmehl. Bald ins Deutsche entlehnt wurde das mittellateini-
sche *simila* zu Brot aus Weizenmehl, Brötchen.

Bretzel leitet sich wahrscheinlich von der Verkleinerungsform des lateinischen *bracchium* ab. Das bedeutet „Arm" – man denkt dabei an das verschlungene Innenleben der Brezen. Wenn jemand sich aufbrezelt, dann wirft er sich in Schale, schminkt sich auffällig. Im Duden stehen inzwischen beide Begriffe: Ich versemm(e)le, du versemmelst ... ich brez(e)le mich auf, du brezelst ... Beim Aufbrezeln sollte jedoch keiner was versemmeln.

Seit wann sich neben den Substantiven Semmel und Breze auch die Verb-Formen eingebürgert haben, ist nicht genau bekannt. Seit etwa 1920 jedenfalls kann sich jemand auch vor Lachen brezeln. Das bedeutet: Er lacht herzhaft, er krümmt sich vor Lachen. Zügig landet man auch bei der obersächsischen Redensart „Das geht (nicht) wie's Brezlbacken". Gemeint ist damit, dass etwas nicht so schnell geht, wie man denkt. „Die Brezeln schiebt man geschwinde/in den Ofen ein und wieder aus/der Teig wird augenblicks zur Rinde/mit Versen sieht es anders aus." So reimt Gottlieb Siegmund Corvinus 1720. Das ist wohl wahr. Übrigens wird auch eine schlichte, ja schlechte Geige „Brezel" genannt.

Und nun, sehr geehrter Herr Jehle, nochmal zu Karl Valentin und seiner Szene *Der Firmling*. Darin bestellt der beschwipste Firmpate für sein Patenkind Pepperl zum Festmahl a Stück Affenthaler und Pfeffer und Salz – ja, und zwoa Brezn, ruft der festtäglich aufgebrezelte Pepperl, um die Bestellung abzurunden: Der Bub weiß schließlich, was gut ist.

Birgit Weidinger

In die Vollen

Frau Anita Braungardt wüsste gerne, warum
man „vollschlank" sagt, wenn man „dick" meint

Sehr geehrte Frau Braungardt,
Sie beschreiben sich als „schlank, aber nicht vollschlank" und
stellen sich damit als Frau mit einer attraktiven Figur vor – nicht
zu dünn und nicht zu dick. Nun ist es ja so, dass mit der Bezeichnung „vollschlank" ein Zuviel an Gewicht reduziert und
schöngeredet werden soll, Euphemisierung nennt man das: Vollschlank klingt eben angenehmer als fett, korpulent oder füllig.
Mit wie viel Kilogramm einer noch schlank ist, und wann er
in die Breite geht, das ist, von unterschiedlichen Gewichtsta-
bellen einmal abgesehen, auch der subjektiven Wahrnehmung
vorbehalten. Der eine – Vollschlanke – findet sich gut, ein anderer, ebenfalls vollschlank, findet sich dick, hat sich deshalb dick
und seufzt, Hamlet verballhornend: „O schmölze doch dies
allzu feste Fleisch ..."
Bei einer Befragung wurden 138 Männern, die in einer Part-
nerschaftsanzeige eine „schlanke" oder eine „sehr schlanke"
Frau gesucht hatten, neun Illustrationen von Frauenkörpern
vorgelegt – von extrem dünn bis übergewichtig. Kein Mann
wählte die extrem dünne Figur. Die meisten Männer entschie-

den sich für eine Körperform, die in der Mitte zwischen dünn und übergewichtig lag. Damit wählten die Männer einen Umfang, den die meisten Frauen, dem herrschenden Idealgewichtszwang folgend, nicht mehr als schlank bezeichnen würden. Doch selbst jene Männer, die nach einer „sehr schlanken" Frau suchten, bevorzugten nur die drittdünnste Körperform.

„Vollschlank", der vermutlich in den zwanziger Jahren von der Texilwerbung geprägte Ausdruck, ist mittlerweile größenmäßig und modisch etabliert und kann seine beschönigende, freundliche Wirkung entfalten. Variationen wie „leicht vollschlank, etwas vollschlank oder ein bisschen zu vollschlank" sind subjektiv. Auch „füllig" als besänftigende Bezeichnung für die Körperfülle gehört zu den vielen Anlässen, im Alltag, in der Politik und der Werbung, wo wir Sprachmuster zur Beschönigung von Sachverhalten oder Eigenschaften benutzen und wo wir manchmal etwas waghalsig zwischen Sein und Schein balancieren. So mildert die militärische Aktion den Krieg, der Dahingegangene ist der Tote, die Raumpflegerin ersetzt die Putzfrau.

Und der Füllige? Wenn der sich wohlfühlt mit seiner Leibesfülle, wenn es sich nicht um einen verfetteten Couchpotato handelt, könnte man ihm des Lebens ganze Fülle oder zumindest eine Teilfülle wünschen. Und Ihnen, liebe Frau Braungardt, wünschen wir, dass Sie schlank bleiben, ohne sich die Zahl Ihrer Pfunde von Gewichstabellen vorrechnen zu lassen.

Birgit Weidinger

Als Moser
mobil machte

Ingrid Läpple aus Köln staunt darüber, dass die
Weißwurst nicht das Zwölfuhrläuten hören soll

Liebe Frau Läpple,

wenn Sie zur gebotenen Zeit – also vor zwölf Uhr mittags –
Ihre Weißwurst aufschneiden oder zuzeln (aussaugen), haben
Sie längst entschieden, ob der Geschmack der Wurst ihrem Re-
nommee standhält. Ausländische wie inländische Esser werden
darüber geteilter Meinung sein – dass aber die Weißwurst eine
einzigartige Tradition hat als kulinarische Spezialität und als
Münchner Errungenschaft, steht außer Zweifel. Das bezeugt die
wahre Legende ihres Ursprungs, der zufolge der findige Metz-
ger Sepp Moser am 22. Februar 1857, einem Rosenmontag, aus
einem Notstand eine Tugend machte: Die Schafsaiten für seine Kalbsbratwürste waren beim Ansturm der Faschingsgäste
ausgegangen. Worauf er flugs dicke Schweinedärme zum Ein-
füllen des Brät verwendete. Die brühte er in heißem Wasser –
beim Braten, so fürchtete er, könnten die Därme platzen. Die
neuen Würste wurden, mit verfeinertem Rezept, zur begehrten
Münchner Spezialität. Zu verzehren vor zwölf Uhr: Da es noch
keine Eisschränke gab, nahm man das Lieblingsgericht möglichst vor dem Beginn der Tageshitze ein. Eine andere Erklä-

rung besagt, dass die Würste vor allem an Handwerker gingen, die rechtzeitig mit der Brotzeit fertig sein sollten, ehe die teuren Mittagsspeisen serviert wurden. Heute genießt man die Weißwurst zu jeder Tageszeit, doch wer die Tradition(swurst) liebt, bevorzugt, eingedenk des Münchner Metzgermeisters Moser, ihren Genuss zum Frühschoppen.

Birgit Weidinger

Temporäres Irresein

Deike Krug will wissen, wie der Narr schmeckt,
den man/frau an jemandem gefressen hat

Sehr verehrte Frau Krug,

dürfen wir, einen Augenblick nur, von der Liebe sprechen? Von
jener ungeheuerlichen Macht, die einen himmelhoch jauchzen
und klaftertief betrübt sein lässt? Nein, doch nicht? Dann also
zu den Narren. Wenn Sie einen Narren an jemandem gefressen
haben, besagt das (1) Sie haben etwas Unverträgliches zu sich
genommen und (2) Sie sind verliebt. In Bedeutung (1) hat die
Vorstellung überlebt, erst das Verspeisen eines Närrleins sei die
Ursache dafür, dass der Betroffene sich benimmt wie nicht ge-
scheit. Einem Dämon gleich wütet es in seinem Innern. Noch
bis in die Neuzeit fehlte der Besteckkasten, mit dem sich jene
Irregularität hätte fassen lassen, die einen zum Gespött macht,
aber auch eine Aura verleiht, die bei den Marketing-Leuten
heute Alleinstellungsmerkmal heißt. Womit wir wieder bei (2)
wären: Wenn das Herz heftiger pocht, weil einem dieses über-
wältigende Gefühl die Kehle zuschnürt, dann ist man närrisch,
oder, wie der vernünftige Arzt weiß: verliebt. Denken Sie nur
an Malvolio, den Verwalter in Shakespeares *Was ihr wollt*, dem
die Bande am Hofe so übel mitspielt. Sie machen ihm vor, sei-

ne Herrin Olivia habe den Narren an ihm gefressen, zu dem er sich macht, und lassen den verliebten Gimpel dauergrinsend in gelben Strümpfen und mit gekreuzten Bändern auftreten. Liebe, verehrte Frau Krug, temporäres Irresein ist wenig bekömmlich, aber was wären wir ohne die Narreteien, zu denen sie uns verleitet? – Marketing-Fachleute.

Willi Winkler

Ungesunde Wahrheiten

Helmut Albert Hofmann aus Oberursel fragt,
warum er auf etwas Gift nehmen soll

Sehr geehrter Herr Hofmann,
eines vorweg: Sie machen das ganz richtig. Immer wenn Ihnen
jemand auf Ihre Bitte nach Bestätigung die ziemlich robuste
Antwort gibt „Da kannst du Gift drauf nehmen!", fragen Sie,
warum Sie denn Gift nehmen sollten, schließlich ist Gift nicht
gut und führt zu schweren gesundheitlichen Schäden, wenn nicht
zum Tod. Letzten Endes ist es wirklich schleierhaft, weswegen
jemand einem anderen das Gefühl der Sicherheit ausgerechnet
mit dem Ratschlag vermitteln möchte, sich eine todbringende
Substanz einzuverleiben – grober Unfug ist das. Nun ist unsere
Aufgabe Gott sei Dank nicht, zu moralisieren oder sonstwie zu
verurteilen, sondern vielmehr der Sache auf den etymologischen
Grund zu gehen – und der ist in diesem Fall nicht sehr tief. Anders gesagt: Die Redewendung „Darauf kannst du Gift nehmen"
stammt eher aus jüngerer Zeit und wird erst seit der zweiten
Hälfte des neunzehnten Jahrhundert redensartlich gebraucht.
    Allerdings liegt die Quelle der Wendung etwas weiter zurück,
etwa im 17. Jahrhundert, einer Zeit also, in welcher sich viele
Quacksalber über die Kranken hermachten, andererseits aber die

Ärzteschaft ein hohes, wenn nicht götterähnliches Ansehen besaß. Wohl auch deshalb, weil der menschliche Organismus vielen noch ein Rätsel war und die ärztliche Heilkunst daher gelegentlich mit der Magie in Verwandtschaft gesetzt wurde. Vor diesem Hintergrund stellt der Sprachforscher Lutz Röhrich nämlich die Vermutung an, dass die Wendung, man solle Gift nehmen, auf die Versicherung zurückzuführen ist, dass man ruhig eine giftige Arznei zu sich nehmen dürfe, wenn der Arzt diese per Rezept verordnet, ohne dass einem hinterher Übles widerfahre. Kommt also ein Mann des Frühbarock zum Arzt und sagt, ich habe so ein Ziehen im Bauch, kann man da nichts machen? Und der Arzt sagt: Doch, da kannst du Gift drauf nehmen. Und reicht ihm ein Fläschchen mit einer zweifelhaften Substanz, welche dem Patienten im günstigen Fall Heilung verschafft und im anderen Fall, naja, die Geschichte ist rasch erzählt.

Sie sehen schon, lieber Herr Hofmann, auch die historische Aufarbeitung stellt die Redewendung in ein kaum günstigeres Licht oder lässt sie sonstwie sympathisch werden. Bei den Engländern gibt es den semantisch entsprechenden Satz „You can lay your shirt on it", wobei man auch nicht einsehen mag, weshalb man sein Hemd auf eine Sache legen soll, nur weil sie als ausgemacht gilt. Ach, es gibt offenbar Redewendungen, die einen einfach nicht weiterbringen, wie man sie auch wendet und dreht.

Hilmar Klute

4. Das liebe Vieh

Im Zangengriff

Wiebke Schmidt aus Dortmund wüsste gerne,
wie der Ohrwurm in unsere Sprache gelangt ist

Sehr geehrte Frau Schmidt,
der Ohrwurm, für den Sie sich interessieren, hat einen schlechten Ruf. Zwar wurde er in der Spätantike als Heilmittel gegen Ohrenerkrankungen verarbeitet. Später aber identifizierte man ihn als schädliches Insekt, als Beißzange, die sich im Ohr festsetzt und das Trommelfell zerkneift, gar ins Hirn gelangt, wo sie bohrende, stechende Schmerzen verursacht. Aus dem 14. Jahrhundert stammen die ersten deutschen Belege für das schlechte Image des Wurms. Das 20. geht freundlicher mit ihm um, da steht er auch für populäre, zwar oft lästige, Töne, die sich im Ohr eingenistet haben: Melodien, Refrains von Songs oder Gassenhauern. Im *Deutschen Wortatlas III*, 1954, findet sich, verfasst von Elfriede Werz, die Wortkarte Ohrwurm: Werz stellt die Wortgeographie dieses „Geradflüglers mit harmloser Fühlerzange am Hinterende" dar: Von Nordhessen, Hamburg nach Mecklenburg reicht die Verbreitung, weiter nach Ostpommern, wo er Uhrenknieper heißt. Und wo lassen sie sich gerne nieder, diese Flügler? Der Webdienst Cosmiq kommentiert: „Die Tiere suchen auch die Dunkelheit, und feuchte Wärme

gefällt ihnen wohl. Ihr Vorkommen vor allem in Gemüse aus dem Garten und danach in Küche und Abfall war und ist recht häufig."

Sogar der Mensch kann zum Wurm werden, sagt der Sprachgelehrte Lutz Röhrich. Wenn sich einer unterwürfig einschmeicheln will, heißt es niederdeutsch: „He krümt sik as en Orwurm".

Birgit Weidinger

Die Last der Lüge

Herr Negele aus Unterschleißheim wüsste gern,
warum man jemandem einen Bären aufbindet

Lieber Herr Negele,

der Bär hat es schwer. An ganz verschiedenen Orten muss er die
Stellung halten. Für unterschiedliche Taten wird er verantwort-
lich gemacht. Die Menschen missbrauchen ihn. Zum Beispiel als
Tanzbären. Am Sternenhimmel hat er einen Doppeljob. Dort ist
er festgenagelt als Großer und als Kleiner Bär, ohne dass man
ihn um Erlaubnis gefragt hätte, ohne dass es da oben etwas zu
lecken oder zu schlecken gäbe. Kein Honig weit und breit. Im
alten Frankreich mussten etwa Gaukler und Seiltänzer, die mit
Affen oder Bären herumreisten, in einem amtlichen Büro für
ihre Tiere einen Pass holen, den sie zwar umsonst bekamen, der
sie aber verpflichtete, die Bären oder Affen vor den Beamten
tanzen zu lassen. Wenn nicht, dann wurden die Tiere eingezo-
gen. Im Gesetz hieß es zwar, „der Einnehmer ist verpflichtet,
sich mit dieser Münze begnügen zu lassen". Ob das die Bären
und Affen zufrieden gemacht hat, bezweifeln wir.

Ebenso kurios steht es mit dem Aufbinden des Bären. Sie
können sich, lieber Herr Negele, sicherlich nicht vorstellen,
dass einem Menschen eine solche Last buchstäblich aufgebürdet

wird. Der Bär ist ein mächtiges, schweres, starkes, nicht immer friedliches Wesen. Ob er sich das überhaupt gefallen ließe? Unsere Sprüchesprache will das so. 1663 wurde das Aufbinden des Bären im heutigen Sprachgebrauch erstmals schriftlich notiert – in der Bedeutung: jemandem etwas vorlügen, jemanden täuschen. Der erfahrene alte Wortdeuter Adelung macht einen guten Vorschlag in seinem Wörterbuch: „Figürlich, doch nur im gemeinen Leben, einem etwas aufbinden, oder es ihm auf den Ärmel binden, ihn vorsätzlich zu einer Unwahrheit bereden."

Anbinden, das können wir uns noch vorstellen, wenn wir an einen wirklichen Bären denken: Das leuchtet eher ein. Er kann dann nicht wegrennen (was er sicherlich gern täte). Und er kann Besucher und Bewunderer nicht beißen. Einen Bären anbinden oder anlegen: Die Redensart ist im 17. Jahrhundert erstmals belegt, es gibt verschiedene Deutungen, die auch auf missverstandenen Erklärungen des Wortes Bär beruhen. Einen Bären anbinden oder anlegen heißt Schulden machen, anderen Schulden aufhalsen.

Beim Bären-Aufbinden kann sich der Experte Lutz Röhrich etwa auch eine Herleitung aus der Jägersprache vorstellen – und einen richtigen, echten Bären; das mächtige schwere Tier dient vielleicht zur Steigerung, wenn man einem anderen Jägersmann eine phantastische, dramatische Geschichte aufbindet: Jägerlatein. Der Bär erschwert noch die Last der Lüge.

Klaus Podak

Rastloser Raser

Frau Renate Schäfer wüsste gern, warum man
bestimmte Autofahrer „gesengte Säue" nennt

Liebe Frau Schäfer,

wenn man in unserer kleinen Bibliothek ein wenig herumspa-
ziert auf der Suche nach dem Schwein, oft auch Sau genannt,
so wird einem erstaunt bewusst, wie oft das herrliche Schwein
(oder die Sau) sich in ungefähr 3000 Jahren europäischer
Literatur- und Kulturgeschichte in Metaphern, Witzen, Be-
schreibungen und Frechheiten sprachlich gewälzt hat.

Schon in Homers *Odyssee* geht es los. Die Zauberin Kirke
verzaubert die Männer mit einem Trank „und sperrte sie dann
in die Kofen./Denn sie hatten von Schweinen die Köpfe, Stimmen und Leiber,/Auch die Borsten; allein ihr Verstand blieb
völlig wie vormals". Das ist erst der Anfang. Die Schweinemän-
ner werden von Kirke zurückverwandelt und sind nun schöner
und jünger als zuvor. Im Alten Testament (Sprüche Salomos
11, 22) finden wir die nachdenklich stimmende Einsicht: „Ein
schönes Weib ohne Zucht ist wie eine Sau mit einem goldenen
Haarband." Übersetzt hat das natürlich Martin Luther, der
auch in eigenen Reden Schwein und Sau nicht auslässt. So be-
schimpfte er seinen Widersacher, den Doktor Johannes Eck, als

ein aus Lügen und Irrtümern zusammengesetztes Monstrum, später schmähte er ihn als „Schwein aus Ingolstadt" oder als „Dr. Sau".

Was die Bezeichnung „sengen" angeht, so bedeutet sie, wie ein altes Wörterbuch sagt, „die haarigen oder den Haaren ähnliche Theile auf der Oberfläche eines Körpers abbrennen". Einer Gans oder einem Fasan sengt man die Federn ab, ehe sie im Kochtopf landen. Sie, liebe Frau Schäfer, interessiert von den vielen Varianten eine moderne, die dürfte nicht vor dem Auto und der Verherrlichung der Geschwindigkeit in der Alltagssprache angekommen sein. Warum also rast der Automobilist wie eine gesengte Sau? Der Ausdruck stammt aus der Schweineschlachtung. Nach einem Schlag mit dem Schlachtbeil wird die Haut des Tieres abgebrüht, eben gesengt, um die Borsten leichter entfernen zu können. Man kann sich denken, dass das Schwein dabei am liebsten wegrennen möchte. Dass es versucht, quiekend, quietschend, rasend vor Angst der Prozedur zu entkommen. So wird das arme Schwein zur gesengten Sau.

Und so glaubt einer, der wie eine gesengte Sau fährt, sich und seinem fahrbaren Untersatz möglichst viel abverlangen zu müssen. Er ist der Prototyp des geschwindigkeitsbesessenen Automobilisten, der mit gnadenlos überhöhten km/h durch die Gegend rast – ganz ohne abgesengte Borsten. Aber auch ohne Rücksicht auf Verluste. Und ohne Angst. Die scheint er in der Eile verdrängt zu haben. Bis es kracht.

Klaus Podak

Gewusst warum

Helmut Rohmann aus München
interessiert sich für den Ausspruch
„Da liegt der Hase im Pfeffer"

Sehr geehrter Herr Rohmann,
In dem alten Kinderlied sitzt Häschen in der Grube und
weint, und besorgt wird angefragt: „Armes Häschen, bist du
krank …" Wenn dagegen der Hase im Pfeffer liegt, ist es fürs
Mitleid schon zu spät, dieser Hase ist bereits tot und wird für
den genüsslichen Verzehr zubereitet. Für ihn gibt es also kein
Entrinnen mehr: Wer ihn zitiert, spricht von einer ausweglo-
sen Situation. So die ursprüngliche Interpretation. Sie ist alt: So
treten schon 1494, im Erscheinungsjahr von Sebastian Brants
„Narrenschiff", zwei streitsüchtige Prozesshanseln auf, die das
Recht zu ihren Gunsten drehen wollen: „Nit denckend,das sy
sint der has, der ynn der schriber pfeffer kumt", lautet die scha-
denfrohe Folgerung.

Seit dem 17. Jahrhundert hat sich die Bedeutung gewandelt:
Nicht dass, sondern warum der Hase im Pfeffer liegt, darum
geht es nun. Man kennt die Gründe einer verzwickten Situation, weiß um die Quelle des Übels – hier also hakt es, sagt
der heutige Mensch. Er könnte auch ein anderes Tier anführen,
den Hund nämlich: „Da liegt der Hund begraben" – will sagen:

das ist die Wurzel des Übels. Der Sprachkundige trumpft mit altmodischem Französisch auf: „voilà le chien!", kommt aber besser auf den heute gebräuchlichen Hasen zurück: „c'est là qu'est le lièvre". Oder geht zum Englischen über: „that's the way the wind blows".

Der Pfeffer, in dem der Hase lag, war übrigens nicht bloß das körnige Gewürz, sondern eine würzige Sauce oder Brühe, die mit Pfeffer und verschiedenen Gewürzen abgeschmeckt wurde und in der man auch Geflügel, Fisch, Wildbret anrichtete.

Einerseits dient also der Hase, kulinarisch aufbereitet, der Ergründung von Sachverhalten, er muss aber auch für allerhand Übles herhalten: Wenn einem mürrischen Frühaufsteher ein Hase über den Weg läuft oder auch eine Katze, sieht er sich vom Pech verfolgt. Auch darüber wissen Kinder Bescheid und singen: „Läuft ein Häslein übern Steg, fahren wir nen andern Weg."

Ein Wort noch zum Hasenfuß, dem Angsthasen. Dessen Furchtsamkeit störte den großen Friedrich offenbar nicht. Sein Lieblingswindspiel nannte er Hasenfuß. Eine Skulptur zeigt den König mit Hasenfuß, dem Lieblingstier, und Alkmene, einem weiteren seiner Favoriten.

Und in den nicht totzukriegenden Häschenwitzen pflegen die kleinen Hasen zuverlässig ihr Blödelimage, das heurige Hasen (unerfahrene Wenigwisser) wie alte Hasen (lebenserfahrene, oft selbsternannte Alleswisser) immer wieder lustig finden: Häschen kommt aufgeregt in den Schreibwarenladen und fragt den Verkäufer: „Hattu Löschpapier?" – Der Verkäufer bejaht. – Da antwortet das Häschen: „Muttu schnell da hinten hin bringen, da brennt's!"

Birgit Weidinger

Edel sei der Mensch

Herr Helmut Amphlett kann sich nicht erklären,
wie es zu dem Begriff „ungeschlacht" kommt

Sehr geehrter Herr Amphlett,
zu Recht grübeln Sie über diesem etwas aus der Mode ge-
kommenen Wort, denn was soll es bedeuten? In der *Oeconomischen Encyklopädie* des großen Gelehrten Johann Georg
Krünitz findet sich eine bündige Erklärung. Danach sei „ungeschlacht" der „Gegensatz von geschlacht, von übler Art seyn,
das heißt, rauh, wild, ungebildet". Der Barockdichter Martin Opitz erwähne „eine rauhe und ungeschlachtete Luft". Weiter gebe es „ungeschlachtetes Land, sowohl ein rauhes, als ein
unangebauetes, ein wildes. Ein ungeschlachteter Boden, der
nichts trägt". Schließlich, und so kennen wir den Begriff, sei ein
„ungeschlachteter" Mensch einer, „der keine Sitten und Ma-
nieren hat, sich roh und ungeschliffen beträgt". Gilt es einen un-
manierlichen Zeitgenossen zu charakterisieren, würde man, wenn
derlei Zuschreibungen heute nicht ebenfalls etwas démodé wären,
vielleicht von „vierschrötig" oder von „grobschlächtig" sprechen.
Aber das Gegenteil von „geschlacht"? Nun legt der Unter-
titel dieser im Jahr 1773 begründeten Enzyklopädie, nämlich
Allgemeines System der Staats= Stadt= Haus= u. Land-

wirthschaft, tatsächlich eine Herkunft aus dem bäuerlichen Bereich nahe, aber zweifeln dürfen wir doch, dass der Mann von Welt sich vom rohen und ungeschliffenen dadurch unterschieden haben sollte, dass er sauber und ordentlich „geschlachtet" war. Vielmehr haben wir es hier mit einem schönen Zeugnis für den Bedeutungswandel zu tun. Niemand käme heute auf die Idee, „wirsch" als das Grundwort von „unwirsch" zu gebrauchen, da es ebenso wie das „spenstig" hinter dem geläufigeren „abspenstig" außer Gebrauch gekommen ist. Das „geschlacht" nun in dem in Frage stehenden Wort rührt keineswegs von der blutigen Arbeit des Schlachtens und auch nicht von der davon abgeleiteten blutigen Form des Kriegführens, sondern vom mittelhochdeutschen *geslaht* her. Das wiederum meint nichts anderes als „von guter Art", also edel, sogar schön und bezieht sich natürlich auf das edle Geschlecht, dem einer angehörig, oder, durch das Präfix un-, eben nicht zugehörig ist.

Interessant ist der Weg, den die Betonung der edlen Abkunft im 19. Jahrhundert nahm, das sich zum Ende hin immer mehr dem wissenschaftlichen, vielleicht auch bloß dem pseudodarwinistischen Denken aufschloss. Aus der Abweichung von der edel geborenen Art wurde die Aus- und Entartung, eine rassenbiologische Klassifizierung. Wer nicht dazu gehörte, galt als „entartet". Aber das ist eine andere und nicht nur eine Sprachgeschichte.

Willi Winkler

Heinrich lockt

Frau Helga Bachmann aus München
möchte alles über den Vogelherd wissen

Liebe Frau Bachmann,

sieben Fragen haben Sie zum Vogelherd. *Pierer's Universal-Lexikon* von 1857 – nebenbei: ein vorzügliches Nachschlagewerk, immer noch – braucht allein zur Beschreibung der Sache sechs Seiten. Schon beim Stichwort „Herd" ist Pierer gründlicher als etwa der „Meyer" von 1905, der sonst auch ziemlich gut ist. Meyer schreibt über den Herd nur, das sei „der Ort im Haus, wo Feuer unterhalten wird". Klingt gut, ist aber weniger als die halbe Wahrheit. Pierer weiß es altertümlich-genauer. Das war nämlich ein „ebener, gewöhnlich erhöhter Platz auf der Erde, gewisse Verrichtungen darauf vorzunehmen". Eine „Verrichtung" war offenbar auch, ein Feuerchen anzuzünden. Damit kam der Herd ins Haus. Und vom Vogelherd weg.

Sie, liebe Frau Bachmann, kennen den Vogelherd aus der Schule. Wissen, dass „Herr Heinrich da sitzt". Dieses Wissen stammt aus der Ballade *Heinrich der Vogler* aus dem Jahr 1835 von – der hieß wirklich so – Johann Nepomuk Vogl. Carl Loewe hat sie gleich 1836 vertont. Den Heinrich, später Heinrich I., nannte man auch Finkler oder Vogelsteller. Er war ein Vogeljäger. Und, Sie erraten es, er jagte am Vogelherd. Pierer beginnt seine ausführliche Darstellung mit einer Definition. „Vorrichtung zum Vogel-, bes. Krammetsvögelfang, zumeist mittels Garnen". Weil das keine einfache, sondern eine vielfältige, einfallsreiche Angelegenheit war, braucht Pierer den Rest seiner sechs Seiten, um uns wenigstens anzudeuten, was man da alles machen konnte. Er nennt A) den Springherd (mit doppelten Schlagwänden); B) den Vogelherd mit einfacher Wand; C) den Tränkherd (wo Vögel baden und saufen); D) den Schießherd (Panter – kommt von dem französischen Wort Pantières. Das sind Spiegelnetze); E) den Finkenherd (auch Sangherd oder Glauchherd genannt). Außerdem gibt es noch die Wörter Feldherd, Feldtenne, Herbstherd. Überall wird das wiederum sehr unterschiedliche Gelock verwendet. Das ist „was Vögel auf den Vogelherd lockt". Uff! Wir schaffen es nicht, liebe Frau Bachmann, in der uns vorgeschriebenen Kürze alle ihre sieben Fragen zu beantworten.

Schauen wir stattdessen in die deutsche Dichtung. Die frechste Verwendung finden wir bei dem vergessenen Johann Martin Miller (1750–1814). Er erdichtete den Vierzeiler *Der Vogelsteller*. Und der hört sich so an: „Matz fängt auf seinem Vogelherd/Die freien Vögelein./Fürwahr der Schurke wäre wert,/Ein Fürstensohn zu sein." Es sieht so aus, als hätte der Vogelherd beim tapferen Miller schon ein Gutteil seiner Reize eingebüßt.

Klaus Podak

Beschränkt tauglich

Herr K.H. Lachmeyer aus München
wüsste gern, warum man sagt: „Da brat
mir einer 'nen Storch!"

Sehr geehrter Herr Lachmeyer,
der Storch hat wenig dafür getan, dass er, und sei es bloß rhetorisch, in der Pfanne landen sollte. Er stolziert, naturgemäß storchenbeinig, durch feuchte Wiesen, nistet hoch oben auf dem Dach und fliegt auf so erschreckend plumpe Weise dazwischen hin und her, dass schon mancher Spaziergänger den allfälligen Sturz gewärtigen wollte. Trotz dieser mangelnden Flugtauglichkeit hat es der Storch zum Baby-Lieferanten gebracht. Warum, weiß keiner, aber er ist von Anfang an dabei, da es einst, wenn ein Mädchen, eine Frau schwanger wurde, umschreibend hieß, der Storch habe sie (oder es) ins Bein gebissen. Auf Englisch hieße dieser nicht immer erfreuliche Zustand „She has a bun in the oven" (sinngemäß: Sie hat einen Braten in der Röhre), doch erscheint diese transkulturelle Hinleitung zur heißen Pfanne zu gewagt.

Als Ausruf des Erstaunens passt die Redensart ins papierne Deutsch von Micky-Maus-Übersetzungen oder bejahrten Jugendbüchern. Hier der einzige Beleg, den das Duden-Wörterbuch anführt: „Wenn man dreißig und noch nicht verheiratet oder verlobt ist, brat' mir einer 'nen Storch, wenn da alles seine Ordnung hat." Doch so altbacken das klingt, so gewagt war das Buch, in dem der Satz fällt. Es handelt sich um *Romeo und Julius* (1979) eines gewissen Claude Borell. Das war eins der vielen Pseudonyme des langjährigen Hörzu-Chefredakteurs Eduard Rhein, der im Alter plötzlich anfing, Romane mit homosexuellen Themen zu schreiben. Nicht nur schwanger, sondern auch ein Comingout durch den Storch? Sehr seltsam.

Das *Wörterbuch der obersächsischen und erzgebirgischen Mundarten* nennt als Quelle einen gewissen Max Sax, der den Spruch bereits 1878 in seinem Buche *Gemüthliches aus Sachsen* anführt. Nicht erichkästnerisch also, denkt der Blätterer, sondern reinstes Sächsisch! Noch ist er nicht überzeugt, aber vielleicht führt ja der etwas in Vergessenheit geratene Nachsatz „… und die Beene schön knusprig!" weiter.

Wir fragen an bei Vincent Klink, dem famosen Koch von der „Wielandshöhe" in Stuttgart: Hat er schon mal Storch gegessen oder sogar selber schön knusprig gebraten? Hat er nicht. Es gebe zwar einiges über Schwäne, schreibt uns Herr Klink, der Storch aber sei *persona non grata*. Und mit diesem Hinweis gelingt es uns endlich, Ihre Frage zu beantworten, sehr geehrter Herr Lachmeyer: Der Storch galt seit der Antike als teils heiliges, teils unreines Tier und wurde deshalb nicht getötet und auch nicht gegessen. Vielleicht doch besser so.

Willi Winkler

Singen und schnäbeln

Rebecca Casati in Berlin möchte wissen, ob
man sich wie eine Schneekönigin freuen kann

Liebe Frau Casati!

„Auch der Winter hat seinen Reiz, denn da schneit's", reim-
te radebrechend die schlesische Dichterin Friederike Kempner.
Der Schneekönig, der eigentlich Zaunkönig heißt, teilt diese Meinung, er singt deshalb im Winter ebenso beständig und
kräftig wie im Sommer. Das hat ihm den Beinamen „Schneekönig"eingebracht. Der Gesang des kleinen Königs, der die
Weibchen anlocken soll, mit denen er gerne und ausdauernd
schnäbelt, gilt als Ausdruck von Fröhlichkeit und Freude zu
jeder Saison.

Warum aber, liebe Frau Casati, sollte solche Sanges- und
Schnäbelfreude männlicher Vogelpower vorbehalten sein? Weshalb sollte nicht auch das Weibchen, die Frau, freudig singen?
Gebräuchliche Redewendung hin oder her – im Sinn der
Gleichberechtigung ist es an der Zeit, dass powerfrau sich
wie eine Schneekönigin fühlen darf. Andersens Märchen *Die
Schneekönigin* handelt von einem kleinen Mädchen, das seinen
von der Schneekönigin entführten Spielgefährten sucht. Diese
hohe Frau ist allerdings eine recht eisige, verschlossene Person.

Heiter und sangesfroh sind dagegen meist Weinköniginnen, mit heiterer Emsigkeit summen Bienenköniginnen, und Diana, Königin der Herzen, hatte in guten Tagen ein freudiges Lächeln für ihre zahlreichen Fans parat, die ihr immer noch viele Lieder nachsingen.

Zurück zu Ihrer Frage, liebe Frau Casati: In der Zunft der Drogenbarone gibt es ebenfalls „Schneekönige", die heißen so, weil sie mit dem „Schnee", dem weißen Zeug, big business machen. An diesen Geschäften sind vielfach auch Frauen beteiligt, Drogenbaroninnen also. So wandelt sich im Film *Traffic* Helena Alaya (Catherine Zeta-Jones) von einer geschockten Ehefrau zur Drogenbaronin. Über ihre knallharten Aktionen im Milieu dürfte sie sich, parallel zu ihren männlichen Dealern, den Schneekönigen, klammheimlich freuen wie eine Schneekönigin – logisch, oder? Einwände konservativer Herren, die auf ihren eingefahrenen Positionen und auf der gewohnten Redewendung bestehen, sollten mit Nichtbeachtung bestraft werden.

Birgit Weidinger

5. Tolle Typen

Glückssucher

Herr Wolf Vetter interessiert sich für die
Bedeutung des Wortes „Habseligkeiten"

Sehr geehrter Herr Vetter,
er hat sein Habchen und Babchen verloren, stellt eine, vor allem
mundartlich gebrauchte, Reimformel klipp und klar fest. Nach-
zulesen beim Experten Lutz Röhrich. Der erste Teil der Aussage
ist die Verkleinerungsform von Habe, der zweite befriedigt das
Reimbedürfnis und unterstreicht, dass einem armen Menschen
sein Hab und Gut, seine Habseligkeiten abhandengekommen
sind. Womit wir bei Ihrer Frage wären, sehr geehrter Herr
Vetter. Mit Habseligkeiten werden die letzten Gegenstände bezeichnet, die bei Schicksalschlägen und Katastrophen jeglicher
Art gerettet werden können.

Dass ausgerechnet diese Habseligkeiten Ende Oktober
2004 während einem vom deutschen Sprachrat und dem Goe-
the-Institut initiierten Wettbewerb zum „schönsten deutschen
Wort" gewählt wurden (Begründung: Weltliches Haben werde
mit dem Ziel des Glücksstrebens, also Seligkeit, Glückselig-
keit, verbunden), führte zu heftiger Kritik an der Kompetenz
der Organisatoren. Die richtige Einordnung des Begriffs geschieht durch die Trennung Habsel-igkeiten, wobei Habsel die

Gesamtheit eines Besitzes meint und sprachlich Wörtern wie Füllsel, Geschreibsel, Überbleibsel zugehört. Und bei trübselig, mühselig ist nicht das Adjektiv selig beteiligt, sondern ein Suffix wie bei Mühsal oder Trübsal – Mühsal, die den trifft, der sein Habsel verloren hat und sehnsüchtig auf ein besseres Schicksal hofft.

Birgit Weidinger

Und schon isse hin

Frau Karin Schildkamp aus Westerkappeln
interessiert sich für den Schwerenöter

Sehr geehrte Frau Schildkamp,

„schockschwere Not" möchte man am liebsten bewundernd
fluchen, wenn man sich dranmacht, die vielen phantasievol-
len, verwandten Bedeutungen aufzulisten, die sich im Lauf der
Zeiten um den Schwerenöter gruppiert haben. Sie, liebe Frau
Schildkamp, möchten gerne wissen, wie dieser Herr zu seinem
Namen gekommen ist, und das hört sich auch recht erstaunlich
an. Indem nämlich die schwere Not ursprünglich eine Bezeichnung war für die Geburtswehen, die gebärende Frauen durchaus
schmerzhaft treffen und beschäftigen. Nach und nach hat sich
die Bedeutung dieser Not auf die Fallsucht oder Epilepsie kon-
zentriert. Die galt als Leid, das man, so die Volksmeinung,
jemandem anwünschte, dem man Übles antun wollte. Doch
auch dieses bittere Wort verliert allmählich seine negative Kraft
und wird heute, mit einer Dosis widerwilliger Bewunderung,
gar Anerkennung, für einen verflixten Kerl gebraucht, der bei
den Frauen nichts anbrennen lässt: So ein Mann, so ein Mann,
zieht sie unwahrscheinlich an. Das findet auch Heinz Rühmann
selbstironisch in der Filmkomödie *Fünf Millionen suchen einen*

Erben aus dem Jahr 1938, wenn er voller Überzeugung schmettert: „Ich brech die Herzen der stolzesten Frau'n, weil ich so stürmisch und so leidenschaftlich bin, mir braucht nur eine ins Auge zu schau'n und schon isse hin ..."

„Selber schuld" hört man da den skrupellosen Don Juan verächtlich lächelnd sagen. Als leichtsinnige Variante des Schwerenöters brüstet sich dieser Herzensbrecher in Mozarts Oper *Don Giovanni*, bis den Lüstling am Ende die Rache des Komturs trifft. Die aber hilft den Frauen in ihrer schweren Not nur wenig.

Dichter und Schriftsteller befassen sich mit dem Schwerenöter. Heinrich Heine stellt in seinem Poem vom tugendhaften Hund fest: „Doch unter den Hunden wird gefunden auch eine Menge von Lumpenhunden – wie unter uns – gemeine Köter, Tagediebe, Neidharde, Schwerenöter ..." Hanns-Josef Ortheil veredelt den Frauenhelden in seinem Roman *Die Nacht des Don Juan*. Und seine ausführliche Story über die Gründerzeit der Bundesrepublik nennt der Autor *Schwerenöter*.

Mittlerweile haben sich bedeutungsverwandte Begriffe eingebürgert: Macho, Playboy, Lebemann, Schürzenjäger, Weiberer und Witwentröster sichern dem flexiblen Verführer einen Dauerplatz in der Typologie menschlicher Kreaturen. Solange die Welt besteht, wird er um weibliche Herzen werben, die er genüsslich bricht, eh er sie grausam zerbricht: Auf höchste Wonne folgt schockschwere Not!

Birgit Weidinger

Bruder Leichtfuß

Frau Harriet Adameit aus Elmshorn
beschäftigt das Wesen des Luftikus

Sehr verehrte Frau Adameit,

wenn der Mensch kein Mensch, sondern ein Vogel wär' und gleich
auch noch zwei Flügel hätt', wie anders verliefe dann sein Leben!
Er flatterte, glitte, schwebte über alles hin, so elegant, so leicht!
Aber der Mensch ist ja kein Vogel und fliegen kann er auch nicht,
sondern ist dazu verdonnert, mit beiden Beinen fest auf dem Boden der Tatsachen zu stehen. Es muss wieder einmal jene furcht-
bare protestantische Ethik sein, die uns seit Adams Zeiten kaum
von der Erde hochkommen lässt. Früher mussten wir sie bestel-
len, und unser Brot im Schweiße des Angesichts verdienen. Heute
sind es die Kilometer, die wir auf demselben Boden, aber auf der
Autobahn verbringen. Es scheint unser Schicksal zu sein, das uns
auf immer an die Erde bindet. Wenn wir doch einmal fliegen dürfen, so nur für kurze Zeit und mit Ryanair, eingezwängt zwischen
weitere Schnäppchen- und Last-Minute-Jäger und so gar nicht be-
flügelt von der Freiheit, über den Dingen schweben zu können.

  Das Wort Luftikus, nach dem Sie fragen, entstammt der spät-
mittelalterlichen Studentensprache, Sie wissen schon, jener Zeit,
als der Bäcker glaubte, nichts zu gelten, wenn er sich nicht in ei-

nen Pistor umbenannte, als aus jedem Schneider ein Sartorius wurde und aus dem gottseligen Magister Schwartzerdt (sie hat uns wieder, sehr verehrte Frau Adameit!) der gelahrte Philipp Melanchthon. Ein -us, dem bürgerlichen Namen angehängt, putzt ganz ungemein. Der Luftikus ist einer, der in den Tag hinein lebt, und zwar bestenfalls von (aber was denn sonst?) Luft und Liebe. Gern gesehen ist diese Art des Zeitvertreibs bei den anderen nicht. Bereits in der Redensart von dem Mann, der mit dem Kopf in den Wolken stecke, schwingt ein Vorwurf mit, als wäre jede Form von Höhenflug ungehörig. Der Luftikus nimmt das Leben leichter, als es ihm zukommt und vor allem, als es den anderen passt. Die Nachsilbe verleiht seinem Träger eine wissenschaftliche Seriosität, wo er doch nur ein Bruder Leichtfuß ist. Spätestens wenn der berüchtigte Ernst des Lebens beginnt, setzt der Tadel an der mangelnden Bodenhaftung ein. Am schlimmsten hat unseren Luftikus einst der Frankfurter Psychiater Heinrich Hoffmann getadelt. „Wenn der Hans zur Schule ging, / Stets sein Blick am Himmel hing. / Nach den Dächern, Wolken, Schwalben / Schaut er aufwärts, allenthalben: / Vor die eignen Füße dicht, / Ja, da sah der Bursche nicht, / Also dass ein jeder ruft: / ,Seht den Hans Guck-in-die-Luft!'" Dennoch, verehrte Frau Adameit, da mag der Herr Hoffmann seinen moralischen Zeigestock noch so energisch schwingen, der Luftikus ist das, was wir gern wären und leider doch nicht hinkriegen: ein Sohn, eine Tochter der Luft.

Willi Winkler

Dunkelziffer

Frau Gisela Paul möchte wissen, wann man zu
jemandem sagen kann, er sei ein Armleuchter

Sehr geehrte Frau Paul,

es ist schon interessant, welch vieldeutige Verwendung Redensarten finden, einen harmlosen Armleuchter würde man darunter nicht vermuten. Der Armleuchter ist ja zunächst einmal, rechtschaffen und solide, ein ausladender Kerzenständer,
an dem sich mehrere Arme verzweigen und der mehreren Kerzen Platz bietet. Er ist eine Lichtquelle, bekannt seit der Antike. Auch als Kandelaber (von Lateinisch „candelabrum" für
Leuchter und über das französische „candélabre" ins Deutsche
gelangt) bezeichnet man ihn. Sein Licht leuchtet auf dem sie-
benarmigen Leuchter des Jerusalemer Tempels, als Kandelaber, als Straßenlaterne, bringt er Helligkeit ins abendliche und
nächtliche Dunkel der Straßen. Düster wird es allerdings für
den, der am Laternenpfahl aufgeknüpft wird. Solche Lynchjus-
tiz ist scheußlich und kann Dummköpfe wie helle Köpfe treffen.

Alles in allem könnte man nun durchaus denken, dass ei-
ner, den man Armleuchter nennt, eine Leuchte ist, ein Kluger.
Doch nein! Es ist genau anders herum: Armleuchter wird zum
Schimpfwort, das jenen trifft, der verbohrt ist oder unterbelich-

tet. Ein geistig langsamer Zeitgenosse, kein großes Licht oder Kirchenlicht. Dass der solide Armleuchter/Kandelaber sich solcher Zusatzbedeutung nicht erwehren kann, hat mit dem jeweiligen Anfangsbuchstaben seiner beiden Silben zu tun, dem A und dem L. Es sind dies, liebe Frau Paul, auch die Anfangsbuchstaben der Silben, die zusammengenommen die Öffnung an der Hinterseite unseres Körpers, die Ausscheidungsöffnung des Darms, benennen. Das Arschloch also ist's, jenes umgangssprachliche Wort für Anus. Der Gebrauch dieses Wortes kann den Tatbestand der Beleidigung erfüllen. Wobei das zischende s-c-h mittendrin die obszöne Härte unterstreicht.

Zur Abmilderung muss nun der Armleuchter her. Stellvertretend und euphemistisch hilft er, als sogenanntes Verschleierungswort. Armleuchter in dieser Bedeutung stamme aus dem Militärwesen, sagen Experten. Andere weisen darauf hin, dass das Licht des Armleuchters nur begrenzte Reichweite habe, je nachdem, wie lang der Arm ist, der ihn trägt und wie groß die Zahl der Kerzen. So könnte es auch dieses begrenzte Sichtfeld sein, das auf den begrenzten Verstand eines Zeitgenossen hinweist, den man – derb oder weniger derb, grob oder weniger grob – als stockdumm hinstellt, als Blödian, Blödmann, Deppen, Dummkopf, Hanswurst, Hirni, Idioten, Schwachkopf, Stoffel oder Trottel. Oder man findet eben, er sei (leider?) ein Armleuchter ...

Birgit Weidinger

Wann wir zu Bette steigen

Günter Ewald aus Grabenstätt wüsste gerne, was es mit dem Tausendsassa auf sich hat

Lieber Herr Ewald,

ein vielseitig begabter Mensch sei er, steht im Duden. Zwei Schreibweisen: Tausendsasa und Tausendsassa. Das Wörterbuch der deutschen Rechtschreibung lässt beide gelten. Der schlaue Röhrich meint, Tausend sei ein „übersteigernder Ausdruck". Über „sasa" und „sassa" sagt er nichts. Der emsige Sammler Wander weiß in seinem Sprichwörter-Lexikon auch nur, dass der Gesuchte „ein geweckter, lustiger Bursche" sei. „Ei der Tausend!" kapieren wir ja noch. Was aber, zum Teufel, ist sassa? Oder sasa?

Den Tausendsassa oder -sasa gibt es seit langem in unserer Literatur. Auch Schiller kennt ihn. In *Kabale und Liebe* (Erster Akt, erste Szene) mault der Stadtmusikant Miller: „Ich hab mich satt gefressen, und immer ein gutes Hemd auf dem Leib gehabt, eh so ein vertrackter Tausendsassa in meine Stube geschmeckt hat." Gut und schön. Aber das hilft auch nicht weiter. Bei Eichendorff kommt er vor (im Lustspiel *Die Freier*), August Wilhelm Schlegel gebraucht das Wort in der Mehrzahl: „Der Carnaval kommt./Wozu es euch frommt,/Ihr

Tausendsasa's?" Nie aber wird Sasa erklärt oder ausgeleuchtet. Was tun?

Wir suchen einfach mal nach „sa" oder „sasa". Sind das überhaupt Wörter? Separat kennen wir sie nicht, finden sie auch erst einmal nicht in deutscher Literatur. Kurz vor dem Aufgeben schlagen wir den Grimm auf, das riesige Wörterbuch, das die Brüder angefangen haben. Es ist so umfangreich-gründlich, dass die Grimms selbst es nicht zu Ende gebracht haben. Und, Donnerkeil, da steht es. „Sa" ist ein eigenes Stichwort! Es ist (oder war) eine Interjektion, ein Ausruf „der Ver- oder Bewunderung".

„Sa! sa!" so lesen wir, ist ein Ausruf der Aufmunterung, des Antreibens und war – jetzt kommt es – ursprünglich ein „Lockruf, Hetzruf für Hunde". Tausendsasa, das wissen wir nun, ist der bewundernde Ausruf des Antreibens eines vielseitig begabten, geweckten, lustigen Menschen, der von einem Hundehetzruf abstammt. Im Grimm steht auch (nur kurz), wo er in der Literatur vorkommt: in Gottfried August Bürgers Ballade *Lenore* aus dem Jahr 1773. Wir schlagen nach und lesen erfreut, gegen Ende, Lenore ist schon ziemlich durchgedreht: „Sasa! Gesindel, hier! Komm hier!/Gesindel komm und folge mir!/ Tanz' uns den Hochzeitsreigen,/Wann wir zu Bette steigen!"

Gesindel, keine Tausendsasas. Aber die Sasa-Sache ist nun klar. Aufmunternd und antreibend begegnet sie uns auch in einem alten Studentenlied: „Sa sa sa ihr teutschen Brüder,/ Stimmt ein frohes Vivat an." Das machen wir jetzt auch.

Klaus Podak

Der Ferdl staunt

Herr Christian Horschmann aus Bochum
interessiert sich für „mein lieber Scholi"

Sehr geehrter Herr Horschmann,
im östlichen Oberbayern liegt das idyllische Halsbach, mit etwa
870 Einwohnern die kleinste Gemeinde im Landkreis Altötting.
Klein aber fein, denn Halsbach ist eine Hochburg des Laien-
spiels. Seinerzeit wurde da ein Musical uraufgeführt, in dem ein
sehr beliebter Vagantenpoet die Hauptrolle spielt und in dem
sein umtriebiges Leben geschildert wird.

Ferdinand Joly hieß der Bursch', und er hat wirklich gelebt,
hat vor gut zweihundert Jahren in der Gegend um Halsbach
durch Klugheit, Narreteien und einen ausgeprägten Gerechtig-
keitssinn von sich reden gemacht. Das Musical, das tragisch
endet, wurde sehr gelobt, und der schräge Vogel bleibt in Er-
innerung als einer, den man gern hat. Der eigenwillige, junge Mensch entstammte einer Hugenottenfamilie, man nannte
ihn auch den „ausgejagten Studenten", weil er aus ungeklärten
Gründen von der Universität Salzburg verwiesen worden war.
Fortan dichtet, schauspielert, singt er sich bis zu seinem Tod
vagabundierend durch die Gegend, hinterlässt Lieder und Mo-
ritaten – 1823 stirbt er in Kay bei Tittmoning an der Salzach

und wird unsterblich – „als ein Träumer, vielleicht auch als ein Narr", so der Sprachwissenschaftler Lutz Röhrich.

Denn Jolys verballhornter Name „Scholi" bleibt in Gebrauch: Mit dem Ausruf „Mein lieber Scholi" gibt man einen tiefen Eindruck wieder oder drückt großes Staunen aus – ähnlich wie mit dem Ruf „mein lieber Schwan" oder „mein lieber Herr Gesangverein" (der Begriff wurde bereits in dieser Kolumne vorgestellt mit der Erwähnung, dass der „Herr" des Gesangvereins die Bewunderung noch zusätzlich verstärkt.) Auch „Mann-o-Mann" oder „Mannometer" oder „mein lieber Kokoschinski" sagt oder seufzt einer, der sich vor Staunen kaum zu fassen weiß. Der Name Kokoschinski kommt im norddeutschen Raum häufig vor, dort wird der liebe Herr Kokoschinski auch häufig zitiert.

Die Herren Gesangverein, Kokoschinski und Scholi gelten also in bestimmten Situationen als Sinnbilder unverhohlener Verwunderung. Der aus Salzburg relegierte Student Ferdinand Joly kann sich zudem noch darauf berufen, dass sein Nachname auch „hübsch, schön" bedeutet, (französisch *joli*). Dann wäre er gar der „liebe Schöne" – o Mannomann! Man stelle sich vor, dass einen/eine beim ersten Rendezvous der Anblick des Gegenübers mit freudiger Überraschung erfüllt und er/sie staunend ausruft „mein lieber Scholi": Welch spontaner Beginn einer wunderbaren Freundschaft/Liebschaft könnte das sein!

Birgit Weidinger

Der Busenfreund

Rainer Weißenberg aus München fragt sich,
wer oder was ein Haftlmacher ist

Sehr geehrter Herr Weißenberg,

ganz neue Berufe sind entstanden in den letzten Jahren, Berufe wie der Trendscout, der Networker, der IT-Spezialist, der Provider aller möglichen und überflüssigen Dinge. Wir wollen hier niemandem die Freude an diesem neumodischen Amerikanisch verderben, sondern nur leis klagen um die Berufe, die dafür aussterben mussten. Oder wüssten Sie noch von einem Seiler, einem Fassbinder, gar einem Falkner? Dabei wäre es doch reizvoll, am Wochenende den Golfschläger liegen zu lassen und draußen auf den Hügeln zuzusehen, wie der Falkner seinen Vogel zur Jagd ausschickt und der, weil sich keine einzige Maus erwischen ließ, einen marzipanfetten Dackel schlägt. Da gäbe es bei dessen Herrchen einiges zu erklären, aber wann sonst hätten Sie Gelegenheit, das schöne Falkenlied des Kürenbergers vorzutragen: „Sît sach ich den valken schône fliegen:/er fuorte an sînem fuoze sîdîne riemen,/und was im sîn gevidere alrôt guldîn./got sende si zesamene die gerne geliep wellen sîn!" Geht leider nicht mehr, ein Jammer.

Zu den Berufen, die schon die zweite industrielle Revolution nicht überlebt haben, gehört auch der Heftlein- oder Haftelmacher. Damit sind nicht unbedingt die früher Heftl genannten Comics gemeint, obwohl sie die mechanische Herstellung mit dem „Hefteln", dem Fabrizieren jener Haken und Ösen verbindet, die einst Kleider zusammenzuhalten hatten. Der Schuhmacher und Poet dazu, Hans Sachs, gibt 1568 eine Selbstbeschreibung des Heftelmachers: „auch mach ich hacken und schleiflein gut/gschwerzt und geziert, darmit man thut/sich einbrüsten weib und auch mann/dass die kleider glatt liegen an." Wir stellen uns dabei eine spätmittelalterliche Werkstatt vor, sagen wir in Nürnberg, draußen geht Else Tucher vorbei zum Markt, während der H. drin die Gegenwart verflucht, weil es trotz des trüben Wetters noch kein elektrisches Licht und trotz des wachsenden Auftragsvolumens noch immer keine Nähmaschine gibt. In Holland schliffen sie wohl schon Linsen zu, aber unser H. besitzt noch keine Brille, setzt im letzten Licht mit äußerster Sorgfalt blitzschnell Haken an Haken, muss dabei also wie ein Haftel(Heftel-)macher aufpassen, damit er sich nicht verhaut. Die Frau Tucher will ihr Kleid anprobieren, wenn sie vom Markt zurückkommt, denn schließlich möchte der Meister Dürer sie malen. Dass sie es damit auf einen Zwanzigmarkschein schafft und eine Nachfahrin den Philosophen Hegel heiratet, hat mit unserem ehrbaren Haftlmacher zwar nicht unmittelbar zu tun, gibt Ihnen aber vielleicht einen Begriff davon, was wir am alten Handwerk verloren haben.

Willi Winkler

6. Wer kann, der kann

Victorias Rückkehr

Frau Gisela Paul aus Ladbergen möchte gerne
mehr über die „Retourkutsche" erfahren

Sehr geehrte Frau Paul,
„Rirarutsch", singen die Kinder, „wir fahren mit der Kutsch."
Sie fahren auch mit der Schneckenpost, wo es keinen Pfennig
kost.

Die Kutsche: Bezeugt ist das Wort seit dem Ende des 15. Jahrhunderts, es bezeichnete das populäre Transportmittel und ist
entlehnt vom ungarischen *kosci* – Wagen, dem Gefährt, das aus
dem Ort Kosc kam, sagt der Duden. Verkleinert heißt es Kütsch-
chen oder oberdeutsch *Kütschlein*, es kann eine Landkutsche,
eine Postkutsche sein oder ein bedeckter Wagen oder eine Staats-
kutsche oder eine Karosse. Oder auch ein Fiaker. Ein mittelalterlicher Aberglaube besagt, dass der Tod in der Kutsche anreist.

Um *aller* und *retour* geht es, wenn der französische Fahrkar-
tenverkäufer wissen möchte, ob der Reisende eine Rückfahrt
buchen will. Retour rudert jemand, der einen bereits gefassten
Entschluss revidiert. Retouren heißen Rücksendungen unvoll-
ständiger oder beschädigter Waren an den Lieferanten.

Weshalb und wann sind sie zur Retourkutsche verkuppelt
worden, die beiden beliebten, häufig gebrauchten Begriffe?

Eine Retourkutsche ist keineswegs ein Transportmittel, das nur Rückfahrten unternimmt. Ist auch kein Gefährt, das zum Hersteller zurück muss, weil es einen Schaden an der Karosserie hat oder einen Motordefekt. Am besten, wir besteigen, begleitet vom Kultursender Arte, ein Gefährt, mit der wir auf eine real existierende Retourkutsche und ihre Bedeutung zusteuern. Arte hat neulich in einer Sendung darüber aufgeklärt, dass es sich dabei um das Viergespann auf dem Brandenburger Tor handelt, gelenkt von der Siegesgöttin Victoria. Diese Quadriga wurde 1793 von Johann Gottfried Schadow gefertigt. Es war ihr aber, so Arte, nicht vergönnt, beständig auf des Tores Höhen zu thronen: Napoleon ließ sie als Beute mitgehen. Die Berliner waren empört und gedemütigt. Doch 1814 marschierte Blücher in Paris ein – er entdeckte die Quadriga; sie war noch nicht mal ausgepackt. Triumphierend hat man sie wieder auf den angestammten Platz verfrachtet.

„Kutsche" hatten die Berliner das Viergespann schon vor seinem Raub durch Napoleon genannt, nach der Heimkehr hieß sie liebevoll Retourkutsche, die zurückgekehrte Kutsche also. Immer mehr breitete die sich in der Alltagssprache aus, wurde dabei immer häufiger zur Bezeichnung einer Rache- oder Vergeltungsmaßnahme. Sie finden aber sicher auch, liebe Frau Paul, dass man darüber die dramatische Geschichte von Raub und Heimkehr der Berliner Quadriga nicht vergessen sollte.

Birgit Weidinger

Laufrichtung ändern

Ekkehart Krippendorff fragt, wann und warum
man sich eigentlich auf dem Holzweg befindet

Lieber Herr Krippendorff,

Sie haben mit Ihrer Frage ein Feld markiert, das für unsere kleine Rubrik eigentlich viel zu weitläufig ist. Zumal Sie schon den
Hinweis gegeben haben, dass der Philosoph Martin Heidegger
seine berühmte Essaysammlung *Holzwege* genannt hat – somit
haben wir hier ein achtbares Kaliber mit im Spiel. Wenn einer
sich auf dem Holzweg befindet, dann nimmt er eine Richtung
ein, die zu nichts führt, jedenfalls zu keinem vernünftigen Ziel.
Er ist ein Irrender im übertragenen Sinn. Er hat sich intellektuell
verspekuliert, er ist ins geistige Abseits geraten, seine Thesen sind
morsch wie das Holz einer gefällten und lange liegengebliebenen
Eiche.

Nun stammt die Wurzel dieser Redensart natürlich aus der
Welt der Forstwirtschaft. Die Holzwege, so lehrt uns der Sprü-
chelehrer Lutz Röhrich, waren im Mittelalter jene schmalen
Furchen, die zu dem einzigen Zweck angelegt wurden, das ge-
fällte Holz in die bewohnte Welt zu befördern. Für Wanderer,
und deren gab es ja viele damals, waren die Holzwege nichts.
Wer auf ihnen marschierte, landete irgendwo im Dickicht. Hei-

ßer Tipp und Alternative zum Holzweg wurde sehr schnell der „Salzweg", der ein Pfad zu Erfolg und Reichtum war, denn auf den Salzstraßen war seinerzeit das Business zu Hause.

Natürlich ist das Irren des Wanderers auf dem Holzweg eine eher unangenehme Angelegenheit, wohingegen das Mäandern im Dickicht der Möglichkeiten bei Heidegger eine Metapher für gelenkiges Denken darstellt. Nicht zuletzt deshalb nannte der Philosoph seine Aufsatzkollektion *Holzwege* und nicht *Salzwege*, schließlich geht es um Erkenntnis und nicht um den großen Deal.

Im Laufe der Jahrhunderte hat sich die fatale Stoßrichtung des Holzwegs so tief in unser Bewusstsein gegraben, dass wir noch heute seltsame Umwege auf uns nehmen, um nicht als lächerliche Begeher oder Befahrer des Holzweges zu gelten. Dieser Tage war ein niederländischer Lkw-Lenker im niederrheinischen Kempen unterwegs, als sein Navigationsgerät ihm anzeigte, dass er sich auf dem Holzweg befinde, also auf einer Straße, welche den belasteten Namen offiziell trug. Obwohl an der Straße verkehrstechnisch nichts auszusetzen war, verließ der Fahrer diese zugunsten eines Feldwegs, der den Mann und sein schweres Gefährt geradewegs in einen Acker führte. Die Polizei musste den Lastkraftwagen mit schwerem Gerät bergen.

Der Lkw-Fahrer warf beherzt sein Navi aus dem Fenster und wird sich bei künftigen Touren nur noch von seinem Heidegger führen lassen.

Hilmar Klute

Drehen und wenden

Herr Reinhard Moser aus Eching wüsste gerne,
warum man jemandem die kalte Schulter zeigt

Sehr geehrter Herr Moser,
Zur Einstimmung eine schöne Textstelle von Johann Christoph
Adelung, dem Verfasser des grammatisch-kritischen Wörterbu-
ches der Hochdeutschen Mundart. Er erklärt: „Die Schulter,
plur. die -n, der erhabene und zugleich breite Theil zu beyden
Seiten des Rückens unmittelbar hinter und unter der Achsel;
wo das Wort zunächst von diesem Theile des menschlichen
Körpers gebraucht wird."– Nicht bekannt ist, woher genau
das Wort kommt, es leitet sich möglicherweise ab von Vorder-
schinken, Vorderbug von Tieren, auch Schild wird zitiert, nach
der Ähnlichkeit des Schulterblatts mit dem Schaufelblatt eines
Grabwerkzeugs.

Die Engländer haben sich als Erste für die kalte Schulter er-
wärmt: To show one a cold shoulder hieß es bei ihnen, wenn sie
jemand abweisend behandeln, ihm eine Abfuhr erteilen wollten – cold, kalt stand für gefühllos. Als Lehnübersetzung hat
sich die Redensart bei uns eingebürgert. Man kann auch „jemanden über die Schulter ansehen", wenn man ihm zeigen will,
dass man nichts von ihm hält – die Franzosen sagen dazu: Re-

garder quelqu'un de haut. Und der ungeliebte Mitmensch, den diese Ablehnung trifft oder ärgert, muss feststellen, dass er „ auf kalte Schultern stößt". Herzhafter Gesang mag die Zurückweisung mildern: „Ach, ich hab' sie ja nur auf die Schulter geküßt", rechtfertigt sich der gedemütigte Gouverneur in Carl Millöckers Operette „Der Bettelstudent", nachdem ihm die empörte Comtesse einen Schlag mit dem Fächer verpasst hat.

Es gibt und gab aber auch den Schultereinsatz mit positivem Begehr. Beispiel: Rokokozeit. Wollte da eine Dame mit einem Herrn anbandeln, hinderten sie ausladende Röcke, ihm nahezukommen. Sie zeigte also ihr Interesse, indem sie die rechte Schulter nach vorne drehte und den Arm graziös dem Kavalier entgegenstreckte. Der beugte sich und deutete einen Handkuss an. Wollte die Lady mit dem Herrn allerdings nichts zu tun haben, so drehte sie die linke Schulter nach vorne und zog sich zurück.

Die Männer, die diesen „erhabenen und zugleich breiten Theil" des Rückens reizvoll finden, und beim Anblick einer schön geschwungenen Schulter schwach oder anlehnungsbedürftig werden, schwärmen mit Heinrich Heine: „An deine schneeweiße Schulter/ Hab ich mein Haupt gelehnt,/ Und heimlich kann ich behorchen,/ Wonach dein Herz sich sehnt."– Sie stimmen da sicher zu, Herr Moser: Mann sollte die Chance, in so angenehmer Position die Herzenswünsche der Angebeteten zu „behorchen", nicht auf die leichte Schulter nehmen.

Birgit Weidinger

Wagner amüsiert sich

Frau Martina Eschenweck aus Beilngries
interessiert sich für das Strawanzen

Liebe Frau Eschenweck,

viele Leute in unserem Land haben das Wort, nach dem Sie fra-
gen, nie gebraucht, wahrscheinlich noch nie gehört. Menschen,
die in Hamburg, in Schwerin, in Berlin, in Städten, die, von
München aus gesehen, im tiefen, finsteren Norden liegen, kennen
es gar nicht – es sei denn, sie sind gar keine echten Nordlichter.
Vielleicht hat es die wenigen nordischen Kenner einst aus dem
Süden in die flachen Gefilde näher an der Küste verschlagen.
Vielleicht sind sie eingewandert aus Bayern oder aus Österreich.
Dort kennt man es noch, dieses Wort, gebraucht es gelegentlich,
versteht es manchmal sogar. Doch auch nicht mehr überall, wie
Ihre Frage zeigt. Denn strawanzen ist ein Landschaftswort, so-
zusagen. Ein Südwort, ein selten gebrauchtes mittlerweile.

In der deutschen Literatur haben wir es nicht finden können.
Ein entfernt ähnliches, aber etwas ganz anderes bedeutendes
Wort taucht in einem Lustspiel aus dem Hessischen auf. „Ja, uff
so e Strawatz schleft mer net gut!" Das stammt aus dem Jahr
1820 und steht in dem Stück *Der alte Bürger-Capitain* des heute vergessenen Karl Malß. Die Strawatz, Sie ahnen es, ist eine

Matratze. Die hat mit dem Strawanzen überhaupt nichts zu tun, obwohl man keck spekulieren könnte, auf einer Strawatz zu strawanzen.

Ein bayerisches Wörterbuch hilft besser. Da ist zu erfahren: „Das Verb strawanzen stammt nach Grimm aus italienisch ‚stravagànte‘." Dieses wiederum kommt von dem Hauptwort *stravagànza*, was Extravaganz, Überstiegenheit, Überspanntheit, Verdrehtheit, verrücktes Benehmen bedeutet. *Stravagànte* heißt auch: unüblich, ungewöhnlich. Im mittelalterlichen Latein gibt es den *extra-vagans*, von dem die Italiener ihre Variante haben. Der ist der „außerhalb Wandelnde". So einer ist mit dem altlateinischen *vagabundus* verwandt. Wer strawanzt, Strawanzer genannt werden kann, der vagabundiert, streunt, ist ein Herumtreiber. Wird das Wort im Österreichischen eingesetzt, hören wir einen mit dem Streuner sympathisierenden Unterton heraus. Strawanzen ist nichts Schlimmes, nur ein bisschen liederlich.

So klingt es auch in einer Posse, mit der sich Richard Wagner anlässlich des Angriffs der Deutschen auf Paris 1870 über die Reaktion der Franzosen lustig machte. Ein martialisch verkleideter Victor Hugo stellt sich als Widerstandskämpfer vor: „Mit Waffen, Harnisch und Panzer/der Civilisation Strawanzer!" Wagner hat das nicht mit Musik umgesetzt. Es hätte, meint er, dazu des musikalischen Genies eines Jacques Offenbach bedurft.

Klaus Podak

Als Hänschen hüpfte

Herr Frank Pietzcker möchte wissen, woher
der Ausdruck kommt „etwas spitzkriegen"

Lieber Herr Pietzcker,
in seinem Gedicht *Liebesbrief* geht der Poet Ringelnatz zur
Sache: „Wenn wir uns wieder wiedersehn, muss irgend etwas
geschehn, was wir dann auf die Spitze treiben." Und er fol-
gert spitzfindig: „Denn was auf einer Spitze ruht, wird nicht
so leicht ermüden." Reichhaltig sind Redewendungen, die mit
spitz und Spitze gebildet sind. Wenn man einem spitz kommt,
kränkt man ihn; wenn einer etwas auf die Spitze treibt, geht
er bis zum Äußersten; wenn man etwas spitzkriegt, begreift,
durchschaut man etwas.

Diese verbalen Spitzenleistungen lassen sich zurückführen
auf eine erweiterte indogermanische Wurzel, die spitz, spitzes
Holzstück, Span, Stab bedeutet und die die Verletzung durch
Worte bezeichnet. Auch gibt es die Spitze als spitzes Ende. Dieses substantivierte Adjektiv wird in der Bedeutung „Garnge-
flecht, in Zacken auslaufende Borte" zuerst im 17. Jahrhundert
gebraucht. Handelt jemand mit Spitzen, heißt das auch, er führt
spitze Reden. Spitze als substantiviertes Modewort hat sich vor
allem in den 70er Jahren eingebürgert für eine Sache, die toll,

ausgezeichnet, klasse ist. Bekannntes Beispiel: der Showmaster Hans (Hänschen) Rosenthal und sein mit Publikum und Luftsprung zelebrierter Jubelruf: „Das war ... Spitze!" Der Spitzel trieb im Wien des 19. Jahrhunderts sein Unwesen, den Namen erhielt er wohl durch die Verkleinerungsform der Hunderasse Spitz und ihre ins Negative verkehrten Eigenschaften: Aufmerksamkeit und Wachsamkeit.

Einer, der nur die Spitze des Eisbergs sieht oder sehen will, der nimmt lediglich einen kleinen Teil einer möglichen Katastrophe wahr – im Gegensatz zu dem, der, wie eingangs erwähnt, etwas spitzkriegt, also etwas durchschaut. Und wenn man etwas auf die Spitze treibt, dann geht man bis zum Äußersten, riskiert gar einen Kampf. Alle, die auf etwas spitzen, machen sich Hoffnungen. Liederlich ist der Spitzbube, auf spitz – listig, verschlagen – bezieht sich sein Name.

Listig beruft sich in einer von J. P. Hebels Kalendergeschichten ein Reiter auf die Spitzbuben. Der Reitersmann hat einen stattlichen Schmerbauch, „also daß er auf beiden Seiten fast über den Sattel herunterhängte". Als er an einem Wirtshaus vorbeireitet, will der Wirt, der den Bauch für einen Rucksack hält, wissen: „Nachbar, warum habt Ihr denn den Zwerchsack vor euch auf das Roß gebunden und nicht hinten?" Darauf der Reiter: „Damit ich ihn unter den Augen habe. Denn hinten gibt es Spitzbuben." Übrigens: Wollen Sie Spitzbuben kulinarisch, als Gebäck, genießen, wählen Sie aus Mutters Kochbuch das bewährte Rezept.

Birgit Weidinger

Umb das Ay herumb

J. Benisch aus Helmbrechts möchte
wissen, warum wir einen Eiertanz aufführen

Lieber Herr (oder: Frau?) Benisch,

aus Ihrem Brief kann man nicht erschließen, wie die rich-
tige Anrede lauten muss. Vorname: J. – Johannes? Johanna?
Oder noch anders? Wir sind mitten im Thema. Es ist eine Art
Eiertanz, hier eine Entscheidung zu treffen. Man muss „sich ge-
schickt zwischen zwei Gegensätzen halten, ohne direct einen zu
verletzen". So erklärt Karl Friedrich Wilhelm Wander in seinem
Sprichwörterlexikon (1867–1880) den Eiertanz. Für Wanders
Zeit stimmt's. Doch es ist nicht die ganze Wahrheit. Sie, liebe
Frau oder lieber Herr Benisch, kommen in Ihrer Frage dem selt-
samen Wort näher. Sie fragen, was es bedeutet, einen Eiertanz
aufzuführen. Darin steckt doch die Vermutung, Eiertanz sei ein
Ereignis – mit Eiern.

Ursprünglich handelt es sich nur um ein Ei. In einem im
Jahr 1617 erschienenen Buch wird aus dem *Lob des Eies* des
niederländischen Humanisten Eurycius Puteanus zitiert: „In
Niderland pflegt man den Ayrtantz (das ist er: der Eiertanz)
also zu halten: Knaben oder Maydlein tantzt jedliches auff gewisse manier bsonder und allein umb das Ay herumb, welches

auff dem boden ligt mit einer hiltzenen Schüssel bedeckt, diese Schüssel rücken sie underm herumbtantzen mit Füssen vom Ay hinweg und treibens Tantzweiss umb das Ay herumb. Nochdem sie alles, was zum Tantz gehörig gethon, decken sie das Ay widerumb darmit zu. Wer es bricht oder beschädiget, muß zur straff das zerbrochene Ay essen."

So war es einst: Ein Tanz zur Volksbelustigung. Von niederländischen Malern sind Darstellungen überliefert, zum Beispiel *Der Eiertanz* (1620) von Pieter Brueghel dem Jüngeren, ein Bild, auf dem ein Weib um ein Ei herumwalzt, von einem Geiger lustig in Schwung gebracht.

In der deutschen Literatur erscheint ein nun ganz und gar artistischer Eiertanz zum ersten Mal bei Goethe, in dem Roman *Wilhelm Meisters Lehrjahre*, auch da ein Kunststück, alles andere als ein Spottausdruck. Zu dem wird er zum Beispiel bei Heinrich Heine, der sich mit dem *Eiertanz* über den Dichter August von Platen lustig macht. Und gegen Ende des 19. Jahrhunderts vor allem in der Politik, etwa in einer Karikatur über Bismarck. Tucholsky macht sich später in einem Gedicht lustig über alte Kämpfer, die den verlorenen Krieg bejammern: „Man sieht die Wackern zierlich eiertanzen." Damit sind wir in der Gegenwart angekommen. Der Eiertanz ist zum Hin-und-Her, zum Ja-und-Nein, zum Ich-weiß-nicht und Ich-trau-mich-nicht geworden – kein Ei mehr, keine hölzerne Schüssel, kein fröhliches Maidlein mehr.

Klaus Podak

Kopf weg!

Hendrik H. Tongers aus Langeoog möchte gerne etwas über den Ausdruck „Wahrschau" erfahren

Sehr geehrter Herr Tongers,

als Ihnen Ihr Vater das Segeln beibrachte, schreiben Sie, hätten Sie jede Menge seemännischer Ausdrucksweisen verstehen gelernt, nur nicht, woher der Ausruf „Wahrschau" kommt. Sagen wir's gleich: Er signalisiert eine Warnung und die Aufforderung zu erhöhter Wachsamkeit. Das h ist natürlich keineswegs ein Orthographiefehler. Auch mit der traditionsreichen Stadt Warschau ohne h hat „Wahrschau" nichts zu tun. Doch so wie der Bürger aus Warschau (ohne h) stolz bekennen kann, dass er ein Warschauer sei, war es auch dem Wahrschauer – dem mit h – von Berufs wegen möglich zu sagen: Ich bin ein Wahrschauer. Denn Wahrschauer (sinngemäß also Warner) hieß der Bootsmann, der auf Strömen und Flüssen Schiffe mit Signalflaggen auf Hindernisse und Gefahren aufmerksam machte, solange es das Tageslicht erlaubte. Später waren die Wahrschauerposten Bedienstete der Wasser- und Schifffahrtsverwaltungen. Wahrschauer hießen auch die Nachen, die den langen Holzflößen voranfuhren, um andere Schiffe zu warnen. Entlang des Rheins gab es Dutzende Wahrschaustationen. Heute sorgen Radar und moderne (Licht)Wahrschauen für Sicherheit. Die zentrale Erfassung von Radarbildern und die Lagebestimmung von Schiffen erfolgt in einer Revierzentrale, die für bestimmte Strecken zuständig ist.

Kluges *Etymologisches Wörterbuch* weiß, dass wahrschauen von *warsch(o)uwen*, niederländisch *waarschuwen*, kommt und bedeutet: jemanden warnen und benachrichtigen. Mit althochdeutsch und angelsächisch *wara* – Obacht – verbindet sich eine Entsprechung von althochdeutsch *sciuhan* – erschrecken – zur Bedeutung: zur Obacht aufschrecken. Mit der Schifffahrt gelangt das Wort seit dem 15. Jahrhundert in das hochdeutsche Schrifttum. Auch wahren – aufmerksam beachten –, englisch *beware*, gehört mit warnen und warten zu dieser Verwandtschaft.

Wenn Sie, lieber Herr Tongers, mehr über frühere Zeiten erfahren wollen: In St. Goar pflegt der Förderverein „Wahrschauer- und Lotsenmuseum" das kleine Museumsgebäude, da, wo früher die Wahrschauer mit ihren Flaggen den Rheinschiffen den Weg wiesen. Auch die Wahrschaustation in Pfaffendorf bei Koblenz, die von 1907 bis 1947 in Betrieb war, gilt als Sehenswürdigkeit.

Der Ausruf „Wahrschau, Baum kommt!" fordert heute wie früher den Segler auf, rechtzeitig den Kopf einzuziehen, und auch traditionsbewusste Vereine wie die Bundesmarine gebrauchen im Bedarfsfall ein lautstarkes „Wahrschau". Der „Wahrschauer"als Berufsbezeichnung ist aber aus der Mode gekommen.

Birgit Weidinger

7. Überall ist Wunderland

Yngurd hat gesprochen

Hermann Trost aus Dormagen wüsste gern,
wieso man sagt, einer sei nicht recht bei Trost

Sehr geehrter Herr Trost,
obwohl der Trost bereits im Nordischen und Gotischen
auftaucht, als unser liebes Vaterland noch längst keines war,
eignet ihm doch etwas Frommes, wo nicht Christliches.
Für den Trost, den der Glaube nicht mehr spendet, kam in
neuerer Zeit die Philosophie auf, aber manchmal tut es auch
die einsam verkostete Bouteille Wein oder eine Frau, die einem
übers Ärgste weghilft (bis sich zeigt, dass sie noch ärger ist). In
dieser Wortbedeutung, als *consolatio,* wie wir in Bayern schon
in der Volksschule sagen, ist der Trost in allen Varianten vom
„Augentrost" bis zur „Trösteinsamkeit" geläufig. Die Wendung
aber, nach der Sie fragen, kam erst Mitte des 18. Jahrhunderts
auf. Lichtenberg und auch Wieland verwenden den Trost in
einer neumodischen Bedeutung. Wer hier des Trostes entbehrt,
ist nicht recht bei Verstand. Das und vieles mehr findet sich
in dem Artikel „Trost" des Grimm'schen Wörterbuchs, den
nach einem trostlosen Krieg der Mediävist Ulrich Pretzel
verfasst hat, Bruder des weit berühmteren Sebastian Haffner.
Pretzel bringt auch den Hinweis auf die ansonsten glücklich

vergessene Tragödie des Weißenfelser Autors Adolf Müllner, die den Widerspruch im Trost vielleicht doch auflöst. In seinem *König Yngurd* (1817 uraufgeführt) konstatiert eben jener in unüberbietbarer Knatterdramatik: „Seit Oskars Unglück soll sie trostlos seyn – nicht wohl bei Trost schier – toll zuweilen." Wer toll ist, der ist verrückt und des Trostes wahrhaft bedürftig.

Willi Winkler

Hamlets Vernunft

Tim Zorn wüsste gerne, wie es kommt, dass
einer nicht mehr alle Tassen im Schrank hat

Sehr geehrter Herr Zorn,

ob einer verrückt wird oder nicht, ist häufig nur eine Frage der
Verhältnisse. Es kann sich natürlich auch um die richtige Anordnung des Mobiliars handeln, ohne die mancher nicht mehr
glaubt weiterleben zu können, doch manchmal ist die Sache richtig ernst. Nehmen wir Hamlet, diesen angeblich dänischen Prinzen, der aber grübeln kann wie kein Deutscher sonst. Wenn er
durchdreht, dann hat das recht vernünftige Gründe: Der Prinz
kommt vom Studium aus Wittenberg zurück und erfährt, dass
sein Vater nicht bloß tot ist, sondern ermordet wurde, getötet von
Claudius. Und seine Mutter hat nichts Besseres zu tun, als sofort
den Mann zu heiraten, der sie zur Witwe gemacht. Wer sollte
da nicht verrückt werden? Dann erscheint Hamlet auch noch
ein Geist, der behauptet, sein Vater zu sein. Hamlet sieht also
Gespenster, schlimmer noch, er lässt sich davon in seinem weiteren Handeln bestimmen. Eine klandestine Operation beginnt.
„Lasst uns gehen/Und, bitt ich, stets den Finger auf den Mund!"

Jetzt können Sie natürlich sagen, der hat sich doch verrückt
studiert, dieser Hamlet, der hat nicht mehr alle Tassen im

Schrank, der hat einen Vogel oder, auch eine sehr hübsche Metapher, der hat nicht mehr alle Schweine im Rennen. Der Mann ist aber bloß vernünftig. Denn vernünftig ist seine Überlegung, den neuen König, seinen mörderischen Onkel, in einer Inszenierung auf die Bühne zu bringen. „Die Zeit ist aus den Fugen; Fluch der Pein, /Muss ich sie herzustell'n geboren sein!"

Aber wie? Hamlet spielt den Verrückten, weil er sich anders in einer Welt, die er als in ihren Grundfesten erschüttert sieht, nicht mehr behaupten könnte. Die ganze Theaterei ist ja ein Spiel, gleichzeitig eine detektivische Versuchsanordnung, in deren Verlauf der Täter zum Geständnis gedrängt werden soll. Vernünftiger als dieser Aufklärer könnte einer in dieser Hofwelt gar nicht handeln, aber selbst für die geliebte Ophelia redet der Mann irre. Wer als irr oder wahnsinnig gilt, ist in einer gröberen Beschreibung nicht ganz bei Trost, ist des Trostes bedürftig. Daran erkennen Sie den Respekt, den verwirrte, gestörte Menschen einst genossen. Kein Valium, kein Prozac konnte ihnen helfen, aber wer wollte sicher sein, dass die Irren nicht doch wahr redeten, wenn es aus ihnen heraussprudelte? Nicht Analysten oder andere Lobbyisten wurden in der Antike befragt, wenn es um die Zukunft des Staates ging, sondern richtige Narren. Richtig, sehr geehrter Herr Zorn, Sie dürfen sich fragen, ob das heute wirklich besser geworden ist. Hamlet jedenfalls bleibt jeder Trost versagt. Er wird sein Spiel zwischen Wahn und Wirklichkeit nicht überleben.

Willi Winkler

Kneten und zurichten

Günter Ewald aus Erlstätt interessiert sich
für die Herkunft des Begriffs „Brimborium"

Lieber Herr Ewald,

holdrio! Das ist, meldet Duden, ein Freudenruf. Wir haben die
Antwort auf Ihre Frage gefunden. Aber aufpassen muss man
mit dem holdrio. Denn Holdrio nannte man früher auch einen
leichtlebigen Menschen. Ein solcher sind Sie wahrscheinlich
nicht. Sie fragen ernsthaft, nicht leichtlebig nach dem Brimborium. Die Sprachfachleute nennen solche schön tönenden Wörter
„lautmalende Wendungen". Sie haben immer etwas mit Gefühlen zu tun. Man lässt durch ihr Erklingen seinen Affekten frei-
en Lauf.

Unsere Sprache besitzt eine Menge solcher Lautmalereien.
Ein paar Beispiele? Hier sind sie: Klimbim etwa. Oder Lirum-
larum. Auch Papperlapapp und Schlendrian. Natürlich auch
das von Ihnen bevorzugte Brimborium. Ein grummelndes Wort.
Man braucht es, um eine gewisse Kritik sanft und gefühlvoll
einzuleiten: „Mach nicht so ein Brimborium." Die Sprachforscher erklären es als „vieles Gerede, Umschweife, Vorbereitun-
gen". Klingt alles nicht so hübsch wie das Brimborium selbst.
In der deutschen Literatur kommt das Wort nicht oft vor. Goe-

the aber benutzt es (was kommt bei Goethe nicht vor?) schon im Urfaust. Mephistopheles verspottet den Doktor Faust: „Ihr sprecht schon fast wie ein Franzos; / Drum bitt ich, lasst's Euch nicht verdrießen./Was hilft so grade zu genießen?/Die Freud ist lange nicht so groß,/Als wenn ihr erst herauf, herum/Durch allerlei Brimborium,/Das Püppchen geknet't und zugericht't,/ Wie's lehret manche welsche Geschicht." Das Püppchen ist Gretchen. Wüst geht es zu in Friedrich Theodor Vischers Parodiestück „Faust III": „Dieses Historium/Ist kein Brimborium./ Ist Allegorium,/Ursinus Sensorium,/ Urpräzeptorium/Bildungsdoktorium,/Schulrevisorium!"

Bei Wilhelm Busch lesen wir: „Er ist ein Dichter, also eitel./ Und, bitte, nehmt es ihm nicht krumm,/Zieht er aus seinem Lügenbeutel/So allerlei Brimborium."

Woher kommt es, das Brimborium? Von den Franzosen haben wir es. Da heißt es *brimborion*, Lappalie. Das war früher *breborion* oder *briborion*, was Zauberformel, Zaubergebet, Kleinigkeit ohne Wert bedeutete.

Deren Ursprung nun wird im Kirchenlatein vermutet, im *Breviarium*. Das ist ein kurzes Verzeichnis, ein Auszug. So nannte man die Sammlung von katholischen Stundengebeten. Im 16. Jahrhundert war Brimborium ein Gebet, das gemurmelt wurde, schnell und undeutlich ausgesprochen. Später hieß dann jedes Murmeln von Sätzen so und das unverständliche Abschweifen vom Thema einer Rede oder eines Vortrags Brimborium.

Klaus Podak

Zauberhaft sinnlos

Jürgen Bruggei aus Augsburg möchte wissen,
woher der Begriff „Hokuspokus" stammt

Sehr geehrter Herr Bruggei,

viel wurde darüber geschrieben, doch im Endeffekt weiß man
sehr wenig und schon gar nichts Gewisses über diesen Spruch
und seine Herkunft – außer dass er mit viel Zauberei und
Schein statt Sein beladen ist. Der unermüdliche Sprachforscher
Johannes Adelung bezeichnete Hokuspokus als ein im gemeinen Leben übliches, von den Gauklern und Taschenspielern ent-
lehntes Wort, das als kräftiger und wirksamer Ausdruck bei
ihren Künsten eingesetzt wird. „Hokuspokus" bedeutet Blend-
werk – hinter dem ganzen Hokus, so Adelung, stecke nicht viel,
Hokuspokus sei vielmehr ein sinnloser Schall, dem das Fremde
und Ungewöhnliche ein geheimnisvolles Ansehen geben sollte.

Der berühmte englische Prälat John Tillotson vertritt 1694
die Meinung, der Spruch sei von den Worten *hoc est enim cor-
pus meum* abzuleiten, die in der Römischen Kirche bei der
Konsekration der Hostie gesprochen werden. Später hätten un-
wissende Gaukler diese ursprüngliche Wendung missbraucht;
das Ritual der Hostien-Verwandlung sollte lächerlich wirken.
Das sehen rechtschaffene Gläubige als eine unzulässige Verbal-

hornung an – und einen Protest gegen das Lateinische als Sprache in der Kirche.

Pax, max, deus adimax heißt die Formel, die schon seit dem 14. Jahrhundert verbreitet ist, später wurde *haxpaxmax* draus mit verstümmeltem Anfang, eine Formel, die in verschiedenen Variationen existiert. Die Vorliebe für Worte, die auf a ausgehen und voll klingen, mag dabei eine Rolle spielen. Außerdem sind Spott und Veräppelung oft Teil dieser Zauberformeln, man nimmt ihre zauberischen Inhalte nicht recht ernst: Hokuspokus fidibus – Mach mir nicht solchen Hokuspokus, heißt es wegwerfend.

Auf der Bühne spielte ein bestimmter *Hokuspokus* eine tragende Rolle: Curt Goetz hatte ihn 1926 erdacht und auf die Bretter gebracht als kaum entwirrbares Krimistück mit vertrackten Rollen und unglaublichen Irrungen und Wirrungen: Dabei wirken mit: ein Anwalt, der keiner ist, ein Mord, der nie geschah, eine Witwe, die eigentlich eine treue Gattin ist, ein erfolgloser Maler, der sich post mortem meistbietend verkauft, ein Gaukler, der aussteigt, eine Leiche, deren wahre Identität von der echten Witwe verschwiegen wird, ein Schauprozess voller Wendungen. Der Skandal entpuppt sich schließlich als harmloser Hokuspokus, als falscher Zauber. Doch enthält das Stück in seinem Schlussplädoyer eine bezaubernde Liebeserklärung, die das Publikum in ihren Bann zieht: *Hokuspokus* wurde zu einem von Curt Goetz' erfolgreichsten Stücken.

Birgit Weidinger

Ich will nach Hause

Rüdiger Diezmann aus Mainz möchte wissen,
warum man immer nur Bahnhof versteht

Lieber Herr Diezmann,

die Bahn hat es in sich, der Bahnhof auch – mehr als sich Ex-
bahnboss Mehdorn wohl je hatte träumen lassen. O hätte er
doch, einmal wenigstens, Grimms Wörterbuch aufgeschlagen
und unter seinem Chefwort nachgesehen! Vielleicht wäre vieles
anders gekommen. Doch er verstand immer nur Bahnhof. Im
Grimm wäre er auf diesen Satz gestoßen: „Bahn also bezeichnet
den durch ungangbare, unfahrbare Gegend, über rauhe, schwie-
rige Stellen getretenen, gebrochenen, geebneten, geglätteten Weg
oder Pfad." Das hätte ihm zu denken gegeben. Auch der Bahnhof
ist laut Grimm etwas ganz anderes, als wir meist vermuten. Er
ist nämlich „der Hof mit den Betriebsgebäuden einer Eisenbahn".
Endlich kapieren wir jetzt den „Hof" nach „Bahn". Das ist tatsächlich ein Hof, ein Gelände. Hinfort sagen wir: „Wir gehen auf
den Bahnhof" – nämlich auf den Hof mit den Betriebsgebäuden.

Wir nähern uns der Eisenbahn. Das ist – horen Sie nur auf
das Wort, lieber Herr Diezmann! – nicht der Zug, den wir besteigen. Die Bahn aus Eisen ist's, die Schienen sind's, auf denen
der Zug fährt. Das schöne Lied singt schon korrekt: „Auf der

schwäbsche Eisebahne ...". Nie wieder werden wir sagen, mit der Eisenbahn sind wir gefahren. Auf ihr. Mit dem Zug. Richtig heißt es in einem alten Buch über die Eifel: Es „durchschneidet eine Eisenbahn das Gebirge". Kein Zug kann das: ein Gebirge durchschneiden. Die Bahn aus Eisen schafft es. Ob Mehdorn das alles klar war in seiner Bundesbahnzeit? Wir zweifeln daran.

Nachdem wir uns über Bahn, Bahnhof und Eisenbahn Klarheit verschafft haben, wird es Zeit, sich dem rätselhaften Ausdruck zu nähern. Bahnhof, nur Bahnhof verstehen. Hier sind keine Spekulationen angebracht. Etwa: auf Bahnhöfen ist es fürchterlich laut. Höre ich im Bahnhofslärm etwas, dann verstehe ich nix. Ich höre nur den Krach. So war es nicht, so ist es nicht. Röhrich, der emsige Sammler sprichwörtlicher Redensarten, zeigt uns den rechten Weg – oder sollen wir sagen: weist uns die Bahn? Er notiert, dass Hans Fallada in *Wolf unter Wölfen* behauptet, das sei in der Inflationszeit „die gängigste Redensart" gewesen. Erklärt uns das was? Gängig hin oder her, Röhrichs weitere Forschungen führen zur Lösung. Soldaten am Ende des Ersten Weltkriegs haben den Spruch erfunden. Sie wollten weg. Bahnhof bedeutete Heimaturlaub. Jedes Gespräch, das sich nicht auf Heimkehr bezog, wurde mit dieser Redensart gestoppt. „Ich verstehe nur Bahnhof" heißt: Ich will nach Hause. Was anderes will ich nicht hören. Sag einfach: Bahnhof.

Klaus Podak

Stets zu Diensten

Herr Peter Klimesch aus München möchte
wissen, was einen Leistungsträger ausmacht

Sehr geehrter Herr Klimesch,
schwer zu sagen, wann der Begriff Leistungsträger zum ersten
Mal aufgetaucht ist. Er dürfte jedenfalls nicht älter als zehn
Jahre sein und ist demnach ein Kind der Globalisierung. In
der Tat klingt das Wort seltsam entpersonalisiert, ein bisschen
wie ein Begriff aus der Welt der Elektronik. Man könnte meinen, ein Leistungsträger sei eine Art Dynamo oder Trafo, der
ständig Strom, also Leistung in Haushalte oder werweißwohin
pumpt. Das stimmt aber nicht, denn die Leistungsträger sind
aus Fleisch und Blut. Sie sorgen dafür, dass die Dinge vorange-
hen in der Wirtschaft, in der internationalen Finanzwelt und
natürlich vor allem in der Politik.

Der Leistungsträger hat etwas von Atlas, dem griechi-
schen Bodybuilder, welcher die ganze Welt auf seine Schultern
wuchtete. Tatsächlich haben Leistungsträger einen fast rühren-
den Hang zur Individualität oder zumindest zu einer elitären
Haltung. Die Leistungsträger arbeiten nach jenem etwas pathe-
tischen Satz von John F. Kennedy, dass du nicht danach fragen
sollst, was dein Land für dich tun kann, sondern was du für

dein Land tun kannst. Andererseits sind Leistungsträger auch Netzwerker, denn wer sich richtig ins Zeug legen will für sein Vaterland, der braucht Verbündete. Es gibt deshalb einen Aktionskreis Leistungsträger, welcher eine Art Dachverband für derart unverzichtbare gesellschaftliche Kräfte wie den Bundesverband der Finanzbuchhalter und Controller e.V. oder den Bundesverband der Verwaltungsbeamten des höheren Dienstes in Deutschland e.V. darstellt.

Sie fragen, lieber Herr Klimesch, nach dem etymologischen Ursprung des Wortes Leistungsträger. Das ehrt Sie, weil Sie in diesem Begriff eine Raffinesse vermuten, eine sprachliche Verstiegenheit, bei welcher offenbleiben könnte, ob hier eine eigene Leistung getragen werde, die Leistung eines anderen und vor allem: Wohin der- oder diejenige die Leistung trägt. Nein, die Sache ist leider viel profaner. „Leistungsträger" ist ein Wortungetüm aus dem Neoliberalismus, so wie der vergleichsweise harmlose „Denkanstoß" ein Kind der Kirchentagsbewegung war. Allerdings geht diesem Terminus nach und nach ziemlich der Glanz flöten, nachdem eine ganze Reihe von Leistungsträgern mit Liechtensteiner Steueraffären bei schlimmen Unsauberkeiten erwischt worden sind. Sie haben sich Verfehlungen geleistet, aber weil wir bei dem ernsten Thema keine Wortkaspereien zulassen, lassen wir es dabei bewenden.

Hilmar Klute

8. Und bist du nicht willig

Moly in der Schachtel

Herr Jürgen Reinhardt wüsste gerne, woher die
Redensart „Ach du heiliger Strohsack" kommt

Sehr geehrter Herr Reinhardt,
zunächst ein Gruß vom Strohmann, jenem Repräsentanten,
der vorgeschickt wird, um einen wichtigen Interessenten aus
Wirtschaft oder Politik zu vertreten. Beim Kartenspiel springt
der Stroh- als Ersatzmann ein. Man begegnet ihm nicht mit
sehr großer Hochachtung. Der Name greift auf die Spottfigur
der Strohpuppe oder die Vogelscheuche zurück. Keine Ersatz-
frau, zumindest keine offizielle, hat der Strohwitwer: Das ist
der verheiratete Mann, dessen Angetraute verreist ist und der
– vorläufig – allein zurückbleibt. „Ach du heiliger Strohsack"
mag er da früher geseufzt haben, während er sich einsam in
seiner Bettstatt wälzte, genauer gesagt, auf dem Bettstroh, das
man damals zum Schlafen benutzte. Zugleich mag er die Un-
ordnung beseufzt haben, die er, der Alleingelassene, verbreitete.
Heute ist das nicht anders. Auch heute greift er vielleicht auf
den heiligen Strohsack zurück, einen Ausdruck des Erstaunens,
Erschreckens, ein bisschen scherzend darüber, dass eine einzelne Person so viel Durcheinander hinterlässt. Er könnte auch
rufen: „Ach du heiliges Kanonenrohr" oder „Sackzement"

(statt Sakrament) oder „Herjemine" (statt Herr Jesus). Das alles sind sogenannte Hüllformeln, die dem Gebot der Bibel folgen, man solle den Namen Gottes des Herrn nicht als Fluch verwenden. Der gewitzte Erich Kästner hat sich die Heilige Mutter Gottes in der Hutschachtel ausgedacht. Und die Engländer: Sie ziehen sich mit „O Holy Moly (Moley)!" aus der Affäre.

Birgit Weidinger

Kuss vom Nachbarn

Christine Buchner aus München wüsste gerne,
warum es jemandem an den Kragen geht

Sehr verehrte Frau Buchner,

als guter Mensch, der Sie ganz ohne Zweifel sind, wünschen Sie
Ihren Nebenmenschen nichts Böses, sondern im Zweifel alles
Gute. Wenn Ihnen der böse Nachbar aber nicht gefällt, wenn er
nachts um zwei seine Heavy-Metal-Sammlung durchhört, um
dann morgens um halb sieben den Rasen zu mähen, dann – doch,
Sie können es ruhig zugeben! – dann wünschen Sie ihm alles
Böse an den Hals, die Pest, die Cholera, einen Mordskropf wo-
möglich.

Diesen Hals umschließt, zumal bei Männern, ein mehr oder
weniger enger Kragen, ein Textil, an dem das Reinlichkeitsbe-
dürfnis des Trägers, vielleicht auch bloß die aktuelle Mode,
abzulesen ist. Der Kragen ist aber auch ein anderes Wort für das,
was er bekleiden soll: den Hals. Das glauben Sie nicht? Noch vor
zweihundert Jahren war der Kragen als Synonym für den Hals
wohlbekannt. In Goethes klassizistischem Epos *Reineke Fuchs*
(1794) findet der Wolf auf dem Anger ein Pferd, „woran nur die
Knochen/Übrig waren; doch hungert' ihn sehr, er nagte sie gie-
rig/Und es kam ihm ein spitziges Bein die Quer' in den Kragen".

Der arme Wolf erstickt fast und bedarf der chirurgischen Kunst des Kranichs.

Wenn also einer Kopf und Kragen riskiert oder sich darum redet, bringt er bewusst sich und seinen bürgerlichen Wohlstand in Gefahr, drohte ihm doch zu Zeiten, da die Metapher die recht blutige Wirklichkeit beschrieb, beim Scheitern der Tod. Diese Passage, in der ein verurteilter Missetäter vom Leben zum Tod befördert wird, vollzog man seinerzeit gern auf einer Richtbühne oder auf einem nicht ohne Grund so genannten Galgenberg. In beiden Fällen – dem Tod durch Erhängen wie jenem durch das Richtschwert – ging es den Delinquenten an den Kragen. Manchmal küsste der Henker den Verurteilten sogar, ehe er ihm den Strick umlegte, bat ihn also um Verzeihung für das, was er ihm antun musste, was ihn aber nicht hinderte, den Geküssten nach allen Regeln der Kunst aufzuknüpfen oder ihm das Haupt mit einem gut geführten Hieb abzusäbeln. Die Halsgerichtsbarkeit sorgte dafür, dass beispielsweise der Kopf des Enthaupteten so weit vom Rumpf zum Liegen kam, dass ein Wagenrad dazwischen passte.

Aber Sie haben recht, das ist grausigstes Mittelalter. Die Todesstrafe ist bei uns (siehe Art. 102 Grundgesetz) abgeschafft. Wenn Ihnen also heute oder morgen Ihr Nachbar um den Hals fällt, besteht kein Grund, um Kopf und Kragen zu fürchten.

Willi Winkler

Ampelmännchen

Doris Lichtenberg fragt, warum man aufgerufen wird, „an meine grüne Seite" zu kommen

Sehr geehrte Frau Lichtenberg,

Sie haben recht, es ist schwer vorstellbar, dass es gesunde, normale Menschen gibt, die eine grüne Seite haben – von politischer Farbmetaphorik wollen wir hier mal absehen. Frösche dürften über mehr als eine grüne Seite verfügen, manche Lurcharten sicher auch. Aber Menschen? Wenn ein Mensch „grün" ist, dann gilt er als jung und unerfahren, ein „grüner Junge", sagt man, oder einer „sei noch grün hinter den Ohren". All diese Bewertungen kennen wir aus der Schule der Großväter und empfinden sie heute als altbacken und gestrig.

Ja, früher. Da waren wir mit den Alten manchmal auf Sonntagsausflug, und wenn man dann in ein Ausflugscafé ging, sagte die Oma zum Enkel, „komm an meine grüne Seite." Als Kind macht man sich ja nicht so viele Gedanken über derlei Sprüche und setzt sich, ohne Widerworte zu geben, wo es einem gesagt wird. Wenn man älter wird, stellt man dagegen vieles in Frage, so wie Sie es, liebe Frau Lichtenberg, in der Absicht getan haben, eine Erklärung für diese seltsame Redewendung zu erhalten.

Also, es ist so: Zum einen galt früher die Farbe Grün als Bedeutungsträgerin des Frischen, Unverbrauchten, Vitalen. Somit ging der Aufruf, sich an jemandes grüne Seite zu setzen mit der Verlockung einher, an der Seite der Lebenskraft, des vitalen Miteinanders und der Liebenswürdigkeit Platz nehmen zu dürfen. Im Französischen, so lehrt uns die einschlägige Literatur, verleihe man dem Herzenswunsch nach Nähe durch die Wendung „s'asseoir du coté du coeur de quelqu'un" ungleich direkteren Ausdruck. Andererseits kann die Aufforderung, an der grünen Seite eines Anderen Platz zunehmen, im Ernstfall sogar eine veritable Liebeswerbung sein. Denn das Grün, welches später vom Herzensrot abgelöst wurde, war im Mittelalter die Symbolfarbe für die Liebe.

Wirklich populär geworden ist unsere eigentümliche Redewendung zum Platz nehmen übrigens durch ein schwäbisches Volkslied aus der Sammlung von Friedrich Silcher: „Mädle ruck, ruck, ruck an meine grüne Seite." Als Gotthilf Fischer noch weite Teile des Samstagabendprogramms gestalten durfte, war dieses Lied in aller Munde. Aus der Unverblümtheit der Aufforderung ist ja schon ersichtlich, dass hier weit mehr in Aussicht gestellt werden soll als nur ein züchtiges Nebeneinandersitzen.

Natürlich gibt es in diesem Herzens-Kontext auch die negative Seite. Wenn ein Mensch bei einem anderen eher wenig Gefallen findet, so ist ihm dieser „nicht grün" und wird im äußersten Fall sogar grün und blau geschlagen – und damit haben wir die Farbpalette der menschlichen Empathiefähigkeit abgearbeitet.

Hilmar Klute

Hausputz

Herr Gerd M. Brach aus Kassel möchte aus
seinem Herzen keine Mördergrube machen

Sehr geehrter Herr Brach,
es ist durchaus wahr, dass man manchmal Lust hat, bösartig zu
sein. Dann missbraucht man sein Herz und gibt der Verlockung
nach, es zu einem Müllplatz für alles Ungute zu machen, womit
einem ein verkorkster Tag den Sinn beschwert hat. Umso erleich-
ternder mag dann bei besserer Stimmung die Verneinung
ausfallen – man möchte eben keine Mördergrube machen aus
seinem Herzen, nichts übelnehmen, nicht schmollen. In solchen
Fällen fordert einen ein aufmerksamer Mitmensch auf, nun doch
endlich zu sagen, was einen bedrückt oder was man wirklich
meint, und sagt dann etwa: „Mach doch aus deinem Herzen keine Mördergrube. Rede offen, zeig deine Gefühle."

Die Redensart geht zurück auf des beredten Martin Luthers
Bibelübersetzung, auf die Stelle, wo Jesus der Kragen platzt:
„Und er ging zum Tempel Gottes hinein und trieb heraus alle
Verkäufer und Käufer im Tempel und stieß um der Wechsler Ti-
sche und die Stühle der Taubenkrämer und sprach zu ihnen: Es
steht geschrieben: ‚Mein Haus soll ein Bethaus heißen'; ihr aber
habt eine Mördergrube daraus gemacht." Durch das Zurückhal-

ten schlimmer Gedanken wird das Herz, der Tempel Gottes, bildlich zur Mördergrube, zu einem Schlupfwinkel für Mörder.

Die anschauliche Formulierung wird vielfach gebraucht. So schildert das Märchen der Brüder Grimm *Der Räuberbräutigam* die Schreckensnacht einer Jungfrau, die blutrünstige Gräuel mitanschauen muss, ehe sie aus der Gefangenschaft ihres vermeintlichen Verlobten befreit wird, der sie töten, zerstückeln und verspeisen will. „Mein armes Kind, wo bist du hingeraten. Du bist in einer Mördergrube ...", warnt eine weise Alte. Schrecklich. Doch auf das Entsetzen folgt das Happy End. Schlimmes widerfährt dem Erzähler, der auch Hauptcharakter ist in Edgar Allan Poes symbolträchtiger Horrorstory *Die Grube und das Pendel*. Da muss ein Gefangener in einem tiefen Loch blutige Torturen über sich ergehen lassen und wird von einem mächtigen Pendel fast entzwei geschnitten. Und im *Götz von Berlichingen* meint der Bischof im 1. Akt: „Der Kaiser hat nichts Angelegners, als vorerst das Reich zu beruhigen ... Jetzt machen ihm seine Privathändel noch zu tun, und das Reich ist, trotz ein vierzig Landfrieden, noch immer eine Mördergrube ...".

Übrigens heißt es, sehr geehrter Herr Brach, dass couragierte Menschen aus ihrem Herzen selten eine Mördergrube machen, sie prüfen ihr Gegenüber lieber auf Herz und Nieren oder schenken ihm reinen Wein ein.

Birgit Weidinger

Über kurz oder lang

Herr Simon Lentz aus Hexheim würde gerne
erfahren, warum einer den Kürzeren zieht

Sehr geehrter Herr Lentz,

früher, so sagen die einschlägigen Fachbücher, früher war das
Ziehen von Holzstäbchen oder Strohhalmen eine beliebte Methode, um knifflige Angelegenheiten zu entscheiden. Wer das
kürzere Stäbchen, den kürzeren Halm zog, der war der Verlierer.
Manchmal wurde dieses Verfahren sogar in rechtlichen Fragen
angewandt; das Ergebnis wurde als Urteil Gottes angesehen. Ein
altdeutscher Vers sagt: „Ziehen wir zwei gräselin/Ane allen fal-
schen wank,/ Das eine kurz, das ander lang:/Weders auch immer
mag ziehen an,/Das länger soll gewunnen sein."

Heute hat es, wer den Kürzeren zieht, nicht leicht, er ist im
Nachteil, hat Pech, ist ins Hintertreffen geraten, schaut mit dem
Ofenrohr ins Gebirge …

Umgangssprachlich und hochsprachlich sind viele Wendungen
darum bemüht, die Benachteiligung anschaulich zu machen.
„Wer den Schaden hat, braucht für den Spott nicht zu sorgen",
heißt es dann schon mal. Oder: Er hat den schwarzen Peter gezogen. Recht drastisch meint ein weiteres schadenfrohes State-
ment: Er hat die Arschkarte gezogen. Das geschieht beim Fußball,

wenn eine Spieleraktion hektische Reaktionen hervorruft und der Schiedsrichter die rote Karte aus der Gesäßtasche zieht, um einen Platzverweis anzuzeigen für ein Foul.

Den Kürzeren ziehen: Das Adjektiv „kurz" ist so reichhaltig und in vielen Nuancen gebräuchlich, dass es sich lohnt, sie nachzuschlagen. Zum Beispiel beim fleißigen Sprachforscher Johann Christoph Adelung, der sich ausführlich den unterschiedlichen Bedeutungen widmet. So zitiert er „andere Arten der Ausdehnung als Länge": eine kurze Statur haben, jemanden um eine Spanne oder einen Kopf kürzer machen. Im Bergbau ist ein „kurzes Feld" ein kleines eingeschränktes Feld, ein eingeschränkter Platz. „Kurze Ware", das sind kleine oder verfertigte Dinge, „Kurzwaren" sagen wir heute. Oder: Die Zeit wird mir bei ihm sehr kurz. Über lang oder kurz. Mach es kurz. Kurz und gut ist angenehm. Adelung meint abschließend: So alt nun dieses Wort auch ist, so stammt es doch ohne Zweifel von dem veralteten *karen, schneiden* her, wovon unser *kerben* und *scheren* Abkömmlinge sind.

Auch in der Küche kommt man übrigens ohne die Würze der Kürze nicht aus: So hat eine kurze Brühe mehr Konsistenz als eine lange, dünne. Und so ist zwar, sehr geehrter Herr Lentz, wer den Kürzeren zieht, im Nachteil – den er aber leichter zu nehmen weiß, wenn er sich auf die kurzweilige Suche nach dem Bedeutungsreichtum all dessen macht, was kurz ist.

Birgit Weidinger

Ross und Leiter

Frau Berta Anton aus München wüsste gerne,
warum man jemanden im Zaum hält

Sehr verehrte Frau Anton,

zu Recht erwarten Sie von dieser fast allwissenden Redaktion, dass sie nicht nur Ross und Reiter nennt, sondern ebenso umfassend über Kandare, Gerte, Kehlriemen, Zügel und das ganze Zaumzeug Auskunft geben kann. Sie müssen sich überhaupt vorstellen, dass die Geschäftsleitung ihre Lieblinge in der Redaktion mit einem Leihrappen ausrüstet, je nach Temperament ist es ein Kaltblüter oder auch ein Vollblut, wegen der international etwas undurchsichtigen weltpolitischen Lage wird auf den Einsatz von reinrassigen Arabern verzichtet. Nein, natürlich handelt es sich nicht um echte Pferde, vielmehr sind es Kunstwerke, gefertigt vorzugsweise aus Mahagoni, Teak oder auch Ebenholz. Ergonomisch schmiegt sich der Sattel unter den brütenden Schreiber, die Einfälle rasen nur so, als säße unsereins nicht im 19. Stock an der Hultschiner Straße, sondern galoppierte über die endlosen Hügel Niederbayerns.

Verzeihen Sie, sehr verehrte Frau Anton, der Schwung der Equilibristik hat uns einen Augenblick lang davongetragen. Vom Zaum wollten wir reden, vom Zaumzeug, das der Reiter seinem

Pferd anlegt, und vom Zwang, der sich damit ausüben lässt. Als wir neulich, da uns die weltpolitische Lage doch etwas ermüdet hatte, in Martin Luthers Pamphlet *An den christlichen Adel deutscher Nation* blätterten, stießen wir unversehens auf diese Stelle: „Hie must man werlich auch den Fuckern und dergleychen geselschafften ein zawm ynsz maul legen." Diese Weitsicht, dieses Leitvermögen! Luther wollte den Ackermännern und Blessings seiner Zeit das Zaumzeug ins gedachte Maul stopfen und sie an die Kandare nehmen. Die Fugger beherrschten 1520 vom Kupferabbau über die Leinweberei bis zur halbamtlichen Zeitung den Markt so total global, wie es seither keiner Citibank gelungen ist. Unser ebenhölzerner Gaul ist kaum mehr im Zaum zu halten bei diesem kämpferischen Luther. So lassen wir ihm die Zügel schießen und reißen ihn erst wieder an der Trense, als wir vor der Wirtschaftsredaktion angelangt sind, um denen vom hohen Ross herab einen gepfefferten Luthertikel zu diktieren: „Aber das größte Unglück deutscher Nation ist gewisslich der Kauf auf Kredit. Es gibt ihn noch kaum hundert Jahre und hat beinah allen Fürsten, den Stiften wie den Städten, dem Adel und den Erben nur Armut, Jammer und Verderben gebracht. Wenn das noch hundert Jahre so weiter geht, könnt wohl sein, dass Deutschland keinen Pfennig mehr übrig behält, so dass wir uns am Ende alle gegenseitig auffressen müssen." Nimm das, Lafontaine!

Willi Winkler

Alles auf einmal

Frau Annelore Kleinlogel wüsste gern, woher
wir den Ausdruck „Ab nach Kassel!" haben

Liebe Frau Kleinlogel,

ach Kassel! Berühmt, beliebt geworden in unseren Tagen durch
die hin und wieder langweilige, dann auch wieder überwältigen-
de Kunstschau Documenta, die jedes Mal ein Fest für die Stadt
und ihre Gäste ist. Das war nicht immer so. Die mit Vergnügen
arroganten Frankfurter gratulierten in den siebziger Jahren nach
Kassel versetzten Kollegen mit den Worten: „Viel Spaß in Hes-
sisch-Katanga!" Finstere, öde Provinz sollte mit dem Spruch
boshaft geschmäht werden. Aber der stimmte schon damals so
nicht. Und in früheren Zeiten noch viel weniger.

Kassel, bereits 913 als „Cassala" bekannt, war einmal – im
Unterschied zu Frankfurt! – Haupt- und Residenzstadt des Kur-
fürstentums Hessen. Von 1807 bis 1813 unter Napoleons kleinem
Bruder Jérôme (König Lustig) war es Hauptstadt des Königreichs
Westfalen, mit der ersten deutschen Verfassung und dem ersten
deutschen Parlament. 1815 wurde es für eine Weile Preußen ein-
verleibt (auf den Straßen sangen die Jungen: „Ochs, Esel, Pferd,
Kartoffelschwein – lieber noch als Preuße sein ..."). Nicht vergessen wollen wir auch, dass die Gebrüder Grimm von 1814 bis

1829 in der Stadt als Bibliothekare wirkten, verehrungsvoll besucht von berühmten Zeitgenossen. Kassel war und ist alles gleichzeitig gewesen: bunt, kleinkariert, wunderbar und abenteuerlich.

Gegen eine Vermutung müssen wir die Bürger noch in Schutz nehmen; nämlich dass sie etwas zum Mittagsmahl Geeignetes darstellen – Kasseler oder Kassler. Diesen gepökelten, geräucherten, schweinischen Braten hat in Berlin um 1900 der Fleischermeister Cassel erfunden. Und gleich mit seinem Namen geschmückt.

„Ab nach Kassel!" könnte einfach eine flotte Aufforderung sein, sich dem Ort, seiner Geschichte und Gegenwart frohgemut zu nähern. So ist dieser Spruch auch werbetechnisch eingesetzt worden. Die wahre Herkunft ist eine andere, auch wenn allerlei Verschiedenes gemunkelt wird. Der emsige Joseph Kürschner gab 1895 das Werk *Der große Krieg 1870/71 in Zeitberichten* heraus. Napoleon III. hatte verloren, war gefangen und sollte nach Kassel-Wilhelmshöhe verfrachtet werden. In Aachen auf dem Bahnhof, heißt es, hätten ihm die Leute diesen Spottsatz nachgerufen. Eine glaubhaftere Quelle ist eine Karikatur aus dieser Zeit. Sie zeigt den Kaiser auf dem Weg ins Exil. Über ihm ein Schild: „Cassel". Und darunter, Sie ahnen es, liebe Frau Kleinlogel, der Spruch – dessen Image sich seither gewandelt hat: Es sind noch drei Jahre bis zur Documenta 13. Und bis dahin hofft jeder Künstler, dass es ihm entgegendonnern möge: „Ab nach Kassel!"

Klaus Podak

Gewaltige Lust

Herr Joachim Hartlieb aus Baden-Baden wüsste gerne, woher das Schurigeln kommt

Lieber Herr Hartlieb,

hört sich schon merkwürdig an, dieses Wort, nach dem Sie fragen. Es kann einen ins Grübeln bringen, ins Phantasieren und Spekulieren. Gab es vielleicht einmal einen Herrn oder eine Madame Schurigel, die sich bemerkenswert sonderbar verhalten haben? Sodass die Nachbarn zueinander sagten: Du benimmst dich wie der (oder die) Schurigel? Und als sie das wieder und wieder gesagt hatten, da sagte einer: Schurigel doch nicht schon wieder! Andere Nachbarn hörten das und sagten dann: Schurigel mich nicht immer! So könnte es gewesen sein. Wir würden dann dem Herrn oder der Madame Schurigel hinterherforschen und bekämen eine schöne interessante Geschichte heraus. So könnte es sein. So ist es aber nicht. Das Wort verleitet dazu, an den Namen eines Menschen zu denken. Aber diesen Menschen gab es nicht.

Das Wort selbst ist uralt. Schlaue Bücher raunen, das habe es schon im 17. Jahrhundert gegeben. In Schwaben und Franken sei es aufgekommen. Aber die schlauen Bücher geben keine Quellen an. Wir müssen selbst ans Bücherbord gehen und blättern und blättern. Da! Johannes Praetorius, geboren 1630, mitten im Dreißigjährigen Krieg. 1665, der Krieg war seit siebzehn Jahren vorbei, gab er ein Buch heraus mit dem Titel *Rübezahls Dritter und gantz Nagel-neuer Historischer Theil.* Wir stoßen auf den Satz: „Da wird man recht lernen / wie eine Braut zu schurigeln sey ..." Das Wort haben wir, aber was soll es bedeuten? Wo kommt es her? Die schlauen Bücher spekulieren und phantasieren ins Blaue hinein. Wir greifen, wie so oft, zum guten, alten Adelung. Der weiß es wieder, wie so oft. „Schurigeln", schreibt er, „welches nur in der niedrigen Sprechart, besonders Nieder-Deutschlands, üblich ist, wo es wie scheren, jemanden ohne Noth und Nutzen, gleichsam zur Lust, plagen und bemühen, bedeutet."

Aber warum „scheren"? Heißt das nicht, den Schafen die Wolle abschneiden? Adelung hilf! Scheren ist einer seiner längsten Artikel. Unglaublich, was mit dem Wort alles angestellt worden ist. Endlich, unter Ziffer 2.2, beantwortet er unsere Frage. Scheren als Abscherung von Haaren lehnt er ab, obwohl „die Abscherung der Haare ehedem eine verächtliche Strafe war". Es ist wie das Schurigeln: „Jemanden scheren, ihn ohne Noth und Nutzen, gleichsam nur zur Lust plagen und beunruhigen, eigentlich auch, ihn zur Lust gewaltsam hin und her stoßen." Wir sagen ja noch heute: Lass mich ungeschoren! Das hat nichts mit den Haaren zu tun. Es heißt: Schurigel mich nicht! Schurigeln ist eben nicht nett.

Klaus Podak

Watschn-Packerl

Helmut Hemric aus Geldersheim will wissen,
was eigentlich eine Tracht Prügel ist

Sehr geehrter Herr Hemric,
manchmal überfällt uns ja die Sorge, dass die nachfolgenden
Generationen es gar nicht mehr richtig verstehen, wenn man
ihnen, – wie in unserem vorliegenden Fall – mit Worten aus der
guten alten Schule rohe Gewalt androht. Die verstehen nur noch
„plattmachen", „die Fresse polieren", nicht wahr, und keiner
von den Rotzbengeln möchte mehr eine Tracht Prügel verteilen
oder, was noch besser wäre: bekommen. Nun gut, andererseits
legt Ihre Frage natürlich auch den Finger in eine etymologische
Wunde: Wir wissen offenbar selber nicht mehr so genau, was
es mit dieser Tracht Prügel eigentlich auf sich hat. Ob wir es
hier wohl mit einem besonders gut gekleideten Gewaltakt zu tun
haben? Klingt nicht überzeugend, oder? Das Verflixte an dieser
Redewendung ist ja, dass sie aus zwei Wörtern besteht, die wir
kennen, wenn auch nicht in dieser Kombination.

Wieder einmal gilt es also, die Wörter neu zu denken, wie es in
der postmodernen Soziolinguistensprache so neunmalklug heißt.
Also gut, denken wir die Wörter neu, indem wir sie alt denken:
„Prügel" war immer schon das, was es heute ist – eine Watschn.

Zugegeben nannte und nennt man wohl auch noch den Stock, den Polizisten im Gürtel tragen, Prügel – aber hier bewegen wir uns semantisch doch wohl im gleichen Feld. Die Tracht dagegen war nicht immer schon das folkloristische Gewand, wie wir es besonders in diesem Jahr auf dem Oktoberfest in den absurdesten Erscheinungsformen erleben durften. Die Tracht war in den Zeiten des Maßhaltens und Abwägens eine Mengeneinheit. Wieviele Prügel eine Tracht insgesamt ausmachte, ist heute nicht mehr nachvollziehbar. Im Bayerischen gibt es diese mengenreferentielle Ankündigungstechnik übrigens in dem Ausdruck: „Packerl Watschn is glei auspackt." Hier wird die körperliche Züchtigung in kleine Pakete aufgeteilt, modern verpackte Trachten Prügel gewissermaßen.

Ehe wir uns aber zu tief in diese Sprachbilder verstricken, noch ein Hinweis: Die Tracht in unserer Redewendung könnte auch von dem mittelhochdeutschen Wort *Traht* stammen, welches „tragen" bedeutet. Die Prügel könnte also direkt an den Delinquenten herangetragen worden sein, was als besonderer Service in der Züchtigungskultur anzusehen wäre. Wie auch immer – zwei Deutungsmuster für eine Redewendung müssen ausreichen. Aber am Schluss muss hier natürlich der Appell stehen, dass wir uns allesamt friedlich mit Freundlichkeit und Wertschätzung begegnen sollen, weil sonst ist wirklich eine Tracht Prügel fällig.

Hilmar Klute

Holterdipolter

Gerhard Sauer aus Heidelberg wüsste gerne,
wie einem der Arsch auf Grundeis gehen kann

Lieber Herr Sauer,

der Arsch, das erste Hauptwort Ihrer Frage, bedarf wohl
kaum einer Erläuterung. Im Alt- und Mittelhochdeutschen
hieß er noch *ars*, was bis heute Anlass zu bildungsbürgerlichen
Scherzen sein kann. Ein im Lateinunterricht gestählter Mensch
erlaubt sich schon mal, den Spruch lex mihi ars zu zitieren,
und freut sich dann unbändig, wenn die Nichtlateiner ihm eine
wilde Beleidigung unterstellen. Natürlich wollte er beleidigen.
Aber er sagt, das sei Latein und heiße (was stimmt): „Die Kunst
(ars) ist mir Gesetz (lex)." Er meint, fein heraus zu sein, dieser
pseudogebildete Dummkopf. Er hat sich nur nicht getraut,
deutlich deutsch „leck mich am Arsch" zu sagen. Das hat er
aber gemeint. Aus dem klassischen Latein stammt der Spruch
sowieso nicht. Es handelt sich vermutlich um einen uralten
Studentenscherz. Lassen wir ihn auf sich beruhen.

Aber Grundeis, das zweite Hauptwort Ihrer Frage. Grundeis
gibt es. Am zierlichsten definiert es Adelung in seinem
wunderbaren Wörterbuch 1793: Es ist „dasjenige Eis, welches
auf dem Grunde der Ströme entsteht, nach und nach von

demselben in die Höhe kommt, und auf dem Flusse forttreiben soll, da man denn sagt, der Fluss gehe mit Grundeis". Eis entsteht in stillen Gewässern im Winter an der Oberfläche. Nur in Flüssen ist das anders, weil am Grund mehr Ruhe herrscht. Doch dann steigt es holterdipolter doch auch nach oben mit merkwürdig beunruhigenden Geräuschen. Damit kommen wir der Antwort auf Ihre Frage, lieber Herr Sauer, beträchtlich näher.

Der Arsch, der auf Grundeis geht, hat Angst. In der Angst entstehen im Darm Geräusche, peinlich-beunruhigende Lärmereien des Angstdurchfalls. Es hört sich an, so verstanden es unsere Vorfahren, wie die hochpolternden Grundeisstückchen der winterlichen Flüsse. Im Sprachspiel unserer Vorfahren haben sich Flusseislärmereien mit Enddarmgeräuschen angstvoll vermählt. Der Spruch ist schon alt, vor 1760 soll er schon aufgetaucht sein. Obwohl wir Grundeis kaum noch kennen, hat sich der Ausdruck gehalten. Immer noch ist er ein starkes Bild für die Wirkung von Angst. Zartbesaitete Gemüter haben eine abgeschwächte Form ersonnen: „Ihm geht die Hose mit Grundeis." Das ist dumm und feig. Die Hose macht gar nichts bei dem Spektakel. Wenn schon, denn schon. Die deftige Urform ist genauer. Wir sollten uns trauen, derb zu sagen, was wir fühlen. Die Vorfahren haben es auch gemacht. Wenn einem der Arsch auf Grundeis geht, dann ist die Sache so ernst, dass wir uns nicht zu schämen brauchen.

Klaus Podak

Treue lohnt

Hans Dietrich Hartmann aus Alzenau fragt,
warum es wichtig ist, bei der Stange zu bleiben

Lieber Herr Hartmann,

Sie haben sicher schon dunkel geahnt, dass dieser redensartliche Ausdruck für Beharrlichkeit nichts mit dem Beruf jener Damen zu tun hat, die nachts in Bars an einer Stange tanzen und, sagen wir, interessierte Blicke auf sich ziehen. Man muss wohl wieder einmal viel weiter zurückschauen und übrigens auch das Feld wechseln, also vom Nachtclub ins Militärlager gehen, um der Stange auf die Spur zu kommen. Auf dem Weg dorthin könnten wir allerdings einen kleinen Schlenker machen, wenn Sie Lust haben. Denn da wir nun schon einmal bei der Stange und ihrer semantischen Reichweite sind, sollten wir noch schnell über den verwandten Ausdruck „jemandem die Stange halten" sprechen, welcher ebenfalls aus dem Wortschatz der Kämpfenden stammt.

Das deutsche Mittelalter kannte als letztes juristisches Mittel den gerichtlichen Zweikampf, vornehmlich unter Rittern. Dabei durfte jeder Kombattant einen Sekundanten beanspruchen, welcher zur Not mit einer langen Stange in das Kampfgeschehen eingreifen konnte, um seinen Herrn vor Verwundungen zu schützen. Der Sekundant hielt dem Ritter gewissermaßen die Stange, oder wie der Sachsenspiegel, eines der ältesten deutschen Rechtswerke überhaupt, vermerkt: „ir ietwedem sol der rihter einen man geben, der ein stange trage, die sol der über den haben, der da gevellet." Man gab den Stangenhaltern übrigens auch den Namen „Stangler", obgleich sie offiziell Grieswarte hießen, was nicht besonders gut gelaunt klingt.

Was nun aber den Ausdruck „bei der Stange bleiben" angeht, so ist dessen Herkunft wohl eher auf dem echten Schlachtfeld zu suchen, genauer: dort, wo die Fahne stand. Denn der Kämpfer, der bei der Fahnenstange blieb, konnte sich immer auf der richtigen Seite wähnen, weil er ja in Gestalt des Feldzeichens die optische Orientierung finden konnte. So hat sich dieses etwas statische Bild bis in unsere Zeit erhalten und mit seiner Einbettung in unsere Sprachgewohnheiten fast etwas Sportlich-Plebejisches bekommen: Wer „bei der Stange bleibt", bemüht sich nach Kräften, aber sein Bemühen hat auch immer irgendwie etwas Hemdsärmliges. Ein schönes Gedicht von Kurt Tucholsky handelt davon, dass man besonders im beruflichen Umfeld zwar stets auf Widrigkeiten und Undankbarkeit stößt, letzten Endes aber doch einigermaßen gut fährt, wenn man den richtigen Mittelweg findet: „Wenn de dir nich inn Betrieb zerreibst, wenn de richtig bei de Stange bleibst, wenn de eene Sache treu bist, kuckste nie in Mond – Treue lohnt."

Hilmar Klute

Wem der Hut brennt

Frau Erika Koller aus München interessiert sich
für die Redensart „Des Wahnsinns fette Beute "

Sehr verehrte Frau Koller,

„Wahn! Wahn! Überall nur Wahn", wähnt Hans Sachs beim
Meister Wagner, und leicht ist es nicht, sich dieser Diagnose
zu verschließen. „Ist die Welt nicht verrückt geworden?"
könnten wir fortfahren, und dürften uns der Zustimmung
beinah aller Leser sicher sein. Aber so einfach wollen wir es
uns doch nicht machen. Das Motto „Des Wahnsinns fette
Beute", unter dem die Münchner Pinakothek der Moderne
2008 eine Schmuckausstellung zeigte, käme Ihnen bekannt vor,
schreiben Sie, und natürlich haben Sie recht. Es handelt sich,
wie Peter Schmitt von der Berlin-Brandenburgischen Akademie
der Wissenschaften weiß, um „gesunkenes Kulturgut". Herr
Schmitt verweist, wie übrigens auch Frau Knörr von der Duden-
Redaktion, auf das so gut wie nie aufgeführte Trauerspiel *Die
natürliche Tochter* von Johann Wolfgang von Goethe, in dem
die Titelgestalt Eugenie im V. Akt seufzt: „Mit ungeheurer Not
im Kampfe, schien/Ich dem gemeinen Blick des Wahnsinns
Beute." Schon im IV. Akt, beschwört der Dichter in der
Wortumstellung diesen exaltierten Zustand: „Ich dulde nur

dem Wahnsinn mich entgegen." Der ganze Wahnsinn rührte für Goethe von der Französischen Revolution her.

Wenn sich die Rede von der fetten (manchmal auch: kessen) Beute des Wahnsinns tatsächlich von Goethe herleitet, so dürfen wir uns die 1803 uraufgeführte *Natürliche Tochter* ebenfalls als Gefäß mit überliefertem und verwandeltem Kulturgut vorstellen, namentlich von Shakespeares *Hamlet*. Als er den ironischen Prinzen betrachtet, meint der Hofmann Polonius: „Though this be madness, yet there is method in't." Wie methodisch Hamlet in seinem vermeintlichen Wahnsinn vorgeht, wird der Tropf Polonius bald am eignen Leibe verspüren. Etlichen frommen Legenden zufolge galten Geisteskranke ihren Mitmenschen einst als so heilig, dass ihnen niemand etwas zuleide tun durfte.

Im heutigen, eher jugendsprachlichen Gebrauch wird der Wahnsinn zwar gern beschworen, aber möglichst nicht gemeint. Dass Wahnsinn auch noch eine Methode sein könnte, bestätigte sich im inflationären Gebrauch, den die ursprünglich klinische Bezeichnung seit (grob gerechnet) den siebziger Jahren erleben durfte. Je wahnsinniger etwas war, desto besser. Schon heute wirkt dieses jugendliche Idiom nicht mehr ganz taufrisch, vielleicht weil es durch kräftigere Bilder ersetzt wurde wie den Vorwurf, dass jemand nicht mehr alle Schweine im Rennen habe, vom Hahn gestrampelt sei oder dass ihm womöglich der Hut brenne. Und bitte, da wäre er dann wieder, der helle, lodernde Wahn.

Willi Winkler

9. Sonst noch was?

Positiv denken

Joachim Fillies aus Wiesbaden möchte wissen,
warum man sagt: „Nichts für ungut!"

Lieber Herr Fillies,

das Gute kommt im Deutschen reichlich vor. Wieder einmal ist
es Goethe, der uns sagt, wo es langgeht. Er schreibt nämlich:
„Willst du den März nicht ganz verlieren,/So lass nicht in April
dich führen./Den ersten April musst überstehn, Dann kann dir
manches Gute geschen."

Auch der große, weit unterschätzte Wilhelm Busch hat sich
einschlägig und frech zum Thema geäußert: „Das Gute, dieser
Satz steht fest,/Ist stets das Böse, das man lässt."

Das Gute ist etwas Wunderbares, das steht fest. Aber obwohl
es ständig in der deutschen Literatur vorkommt, wird nie ganz
klar, was es wirklich ist. Das Gute ist etwas Positives, aber etwas
unbestimmt Positives. Es kann allerlei bedeuten. Jedermann
und jedefrau kann sich die eigene Variante aussuchen und
zurechtlegen. Das spricht nicht gegen diesen Gebrauch. Die
Sprache erlaubt Freiheit, was wunderbar ist – und ein Gutes.

Aber Sie, lieber Herr Fillies, fragen nicht nach dem Guten,
sondern nach dessen Gegenteil, dem Unguten. Da müssen
wir wiedermal in Röhrichs Lexikon der sprichwörtlichen

Redensarten nachschlagen. Und wie so oft werden wir auch diesmal fündig. Der gute Röhrich erklärt uns: „Etwas nicht für ungut nehmen (halten): etwas nicht übelnehmen, eine Bemerkung nicht böse oder falsch auffassen. In der verkürzten Form Nichts für ungut! wird die Wendung als Formel der Entschuldigung gebraucht. Besonders bei der Verabschiedung wird der Gesprächspartner damit um Nachsicht für freie und kritische Äußerungen gebeten, die nicht als beleidigend aufgefasst werden sollten."

Es gibt allerdings auch weniger nette Gebrauchsformen des Spruchs: „Nichts für ungut, sagte die Henne zum Regenwurm, da fraß sie ihn." Oder: „Nix für ungut, sagte der Fuchs, und biss der Gans den Kopf ab." Dagegen heißt „Etwas für ungut nehmen": es übel auffassen, sich ärgern.

Ungut, das lernen wir also, ist ein schillerndes Wort. Man kann es in beiden Richtungen gebrauchen – positiv und negativ. Wie so viele Wörter unserer Sprache ist es wandelbar, wir können mit ihm spielen. Und genau das macht seinen Reiz aus. Sprache ist ein Spielzeug und keine kalte Abbildungsmaschine. Ob man das gut oder ungut findet, das muss jeder in seinem Alltagsleben selbst entscheiden. Auf jeden Fall sollte man alle die wunderbaren Vielfältigkeiten, auch Ungenauigkeiten, Unerwartetheiten unserer Sprache bewusst genießen. Man könnte es auch so nennen: Gute Miene zum bösen Spiel machen.

Klaus Podak

Mit voller Wucht

Klaus Vierlinger aus Saint-Victor, Ardèche, fragt, wer eigentlich Hans Dampf in allen Gassen ist.

Lieber Herr Vierlinger,

die Redewendung, nach der Sie fragen, ist vermutlich die mit Abstand wuchtigste, dynamischste und pfiffigste, die in der deutschen Sprache unterwegs ist. Und jeder, der sie hört oder benutzt, trägt den unausgesprochenen Wunsch in sich, diesen Hans Dampf einmal persönlich kennenzulernen, der angeblich in sämtlichen Gassen unterwegs ist – auch wenn nicht ganz klar ist, warum es sich einer zur Aufgabe macht, alle Gassen dieser Welt zu durchrasen.

Aber darum geht es vermutlich gar nicht, jedenfalls nicht von Anfang an, denn unser flotter Spruch hat eine einigerma-ßen lange Geschichte, die im Jahr 1529 beginnt. Damals gab der Reformator und Sprüchesammler Johannes (also selber Hans) Agricola folgende Einschätzung eines an Tugenden eher schlecht bestückten Mannes ab: „Er ist Hans ynn allen Gassen, Ein Steyn, den man hyn und wider waltzet, bewechst selten, also lernet nichts redliches, er gebe sich denn auff eines allein, vund lerne das wol, Denn der ynn allen gassen wonet, der wo-net vbel.“

Anders gesagt: Einer, der sich überall rumtreibt und mit allzu vielen Dingen beschäftigt, kann höchstens ein unbefriedigendes Halbwissen erlangen, bleibt letzten Endes also ein Taugenichts und Luftikus (diesen haben wir ja schon auf Seite 92 genauer kennengelernt). „Nur wer sich einer Sache mit Geist und Herz verschreibt", sagt Hans Dampf in allen Gassen Agricola, „der kann was werden." Nun werden Sie, lieber Herr Vierlinger, natürlich festgestellt haben, dass bei Agricola zwar der Hans in allen Gassen unterwegs, von Dampf hingegen keine Spur ist. Der Dampf wurde erst ein paar Jahrhunderte später in diese Redewendung geblasen, und zwar durch den aus Magdeburg stammenden, aber in Aarau in der Schweiz beheimateten Schriftsteller Heinrich Zschokke, der 1814 eine Erzählung mit dem Titel *Hans Dampf in allen Gassen* vorlegte. Ein wenig zeitversetzt gelangte aus Thüringen, genauer aus Gotha, das Gerücht, dort habe ein leibhaftiger Hans Dampf gelebt und er sei eine Art Lokalmatador gewesen, wenngleich wohl sein bürgerlicher Name Hans George gelautet haben soll.

Sie sehen schon, lieber Herr Vierlinger, die Dynamik unserer Wendung ist dermaßen hochtunig, dass selbst die halbwegs gesicherten Quellen voreinander wegzulaufen scheinen. Und wenn wir ehrlich sind, ist der Hans selbst mittlerweile nicht nur durch alle Gassen gerannt, sondern längst über alle Berge. Nur so ist zu erklären, warum kaum noch jemand diese Wendung benutzt.

Hilmar Klute

Tiefe Verbundenheit

Agnes Bischoff aus Gröbenzell möchte wissen, warum manche Leute auf Draht sind

Sehr geehrte Frau Bischoff,
kaum jemand kann sich heute noch vorstellen, dass der Draht, jenes im Grunde genommen eher profane, biegsame Ding, einmal zum metaphorischen Sprachgebrauch taugte. Heute wird mit Draht eigentlich nur noch gebastelt, gerade Richtung Weihnachten befestigt man zauberhafte Kleinfiguren an Festtagsgedecken damit. Adventskränze sind komplett verdrahtete Gebilde, und sie ordnungsgemäß aufzustellen oder irgendwo aufzuhängen gleicht mitunter einem Drahtseilakt. Womit wir schon einen ersten Schritt in Richtung Drahtmetapher gegangen sind, denn könnte die Redewendung „auf Draht sein" nicht auch aus der Welt der Akrobaten stammen? Wir denken an die waghalsigen Artisten, die in schwindelnden Höhen auf einem unfassbar dünnen Drähtchen die schönsten Tänze aufführen. Ja, da könnte doch das Wort herkommen, nicht wahr? Auf Draht sein: in der obersten Liga spielen und deshalb immer mit viel Geschick ausgestattet sein.

Das klingt schlüssig, aber, um ehrlich zu sein, Frau Bischoff, es ist die falsche Erklärung. In Wahrheit stammt das Kompliment, jemand sei „auf Draht" aus der Frühphase der technischen Kommunikation. Die Telegraphendrähte sind gemeint, jene aus Kupfer gefertigten schmalen Fasern, welche in den Jahren der Gründerväter Städte und Länder auf so komplizierte wie gleichzeitig verblüffend einfache Weise miteinander verbanden. Wenn einer sozusagen die Verbindung halten konnte, war er „auf Draht", das heißt einerseits ganz praktisch mit einem Gesprächspartner per Kupferdraht verbunden; andererseits befand er sich in Kontakt mit der Welt, war gewissermaßen kosmopolitisch montiert und damit schwer auf Draht, was seine Kompetenz als kommunikativer Zeitgenosse betraf.

Aus der gleichen Sphäre stammt übrigens auch die eigentlich noch schönere Wendung, einer habe einen besonderen Draht zu einer Sache oder noch besser, zu einer anderen Person. Es ist gewissermaßen ein erotischer Ausdruck aus dem sprachlichen Setzkasten der Frühindustrialisierung. Die Drahtverbindung ist hergestellt, aber gleichzeitig ist sie auch immer gefährdet, weil der Draht reißen oder wankelmütig werden kann. Erinnern Sie sich bitte an das schöne Lied *Bird on a Wire*, in welchem Leonard Cohen singt, dass er wie ein Vogel auf dem Draht versucht, auf seine Art frei zu sein. Aber jetzt sind wir doch schon wieder sehr weit abgeschweift. Sind Sie noch auf Draht, liebe Frau Bischoff? Oder können Sie mit alldem hier nichts verbinden?

Hilmar Klute

Macht Männer munter

Peter Riedel wüsste gern, was es mit dem Schmeichelwort Göttergatte auf sich hat

Sehr geehrter Herr Riedel,

dass gegen Dummheit kein Kraut gewachsen ist und sogar die Götter mit derselben vergebens kämpfen, lernt das männliche wie das weibliche Kind in frühen Jahren. Es erfährt, in wie vielerlei angenehmer und auch schrecklicher Gestalt sich die Götter durch unsere Sprache bewegen, als Götterspeise, als Göttertrank, als Götterbild, als Götterbote, als Götterdämmerung ... Sie werden in Redensarten beschworen: Das wissen die Götter; etwas ruht oder liegt im Schoße der Götter; das ist ein Schauspiel, ein Anblick für Götter. Anfang des 20. Jahrhunderts tritt dann auch der Göttergatte auf. Der Ausdruck wurde populär durch die Operette *Der Göttergatte* von Franz Lehár. So weiß es das Deutsche Universalwörterbuch des Duden.

Am 20. Januar 1904 wurde Lehárs neues musikalisches Opus in Wien uraufgeführt. Das 1913 entstandene Werk *Die ideale Gattin* ist – wie auch *Die Tangokönigin* von 1921 – eine Neufassung des *Göttergatten*. Alle drei Versionen drehen sich um Ehemänner, deren Liebe zu ihren Gattinnen abgekühlt ist – und sie schildern die List der jeweiligen Angetrauten, zu

verschwinden und als ihre eigene, temperamentvolle und lei-
denschaftliche Schwester wieder aufzutauchen. So praktizieren
die vernachlässigten Ehefrauen die Methode, durch Verklei-
dung und Verführung die Erotik im Mann wieder anzuheizen.
Der Göttergatte spielt im antiken Griechenland, die beiden
späteren Bearbeitungen verlegen die Handlung nach Spanien
und Argentinien.

Es gibt auch Filme und TV-Spiele, die die griffige Bezeichnung
im Titel führen; ein gleichnamiger Roman der amerikanischen
Autorin Jane Shapiro beleuchtet schwarzhumorig die Abgrün-
de einer amerikanischen Familie, einen Kreislauf alltäglichen
Nichtverstehens, in dem aus Liebe Gewalt wird.

Früher schon hat Karl Kraus in einem giftigen Gedicht den
Göttergatten zur Brust genommen. Es steht in der Sammlung
Wien – Worte in Versen 1922 – 1930: „Welch ein Ratschluß,
daß hienieden nur der Schuft gesund spaziere! Blinde gibts und
Invaliden, Göttergatten, Gürteltiere. Welch ein Korso! Jene
hungern, jene mühn sich und ermatten. Und um die Hoteltür
lungern Gürteltiere, Göttergatten." Kraus steht hier dem Göttergatten höchst skeptisch gegenüber. Gurrend und turtelnd
schmeicheln sich dagegen Ehefrauen, die vom Angetrauten was
wollen, bei ihrem Göttergatten, dem Unwiderstehlichen, ein.
Doch treten die Götter zu häufig bei Gatten und gar bei Gattinnen in Aktion, verlieren sie an Nimbus, und das bekommt
ihnen nicht.

Birgit Weidinger

Gehupft
wie gesprungen

Alexander Harbich aus Tettnang will wissen,
warum manches Jacke wie Hose ist

Sehr geehrter Herr Harbich,
der Ausdruck, nach dem Sie fragen, ist ein schönes Plädoyer
für die Lässigkeit im Umgang mit den Alltagsdingen. „Das ist
Jacke wie Hose", sagt man, wenn es egal ist, ob die Sache so
gemacht wird oder andersrum. Jacke wie Hose ist eigentlich das
Prinzip, nach dem sich unsere von Ermahnungen und Auflagen
gebeutelte Gesellschaft wieder ein bisschen mehr richten sollte.
Darf ich hier rauchen oder nicht? Soll doch jeder machen, wie
er will. Kann ich bitte dick oder muss ich dünn sein? Jacke
wie Hose! Sicher haben die Gesundheitsapostel recht, wenn
sie sagen, dass den ganz Dicken irgendwann weder Jacke noch
Hose passen werden, aber irgendwie sind wir jetzt auch ein
bisschen vom Thema abgekommen, genauer: von der Frage,
woher diese hübsche Redewendung „Das ist Jacke wie Hose"
eigentlich kommt.

Sie hat ihren Ursprung natürlich im Schneiderhandwerk, und
hier müssen wir jetzt doch ein paar Jahrhunderte zurückgehen
in eine Zeit, in welcher das Beinkleid aus einem komplett
anderen Stoff gewirkt war als das Jackett – früher hieß das

Jackett natürlich Gehrock respektive schlicht „Rock", die Hose aber, wie gesagt, Beinkleid. Rock und Beinkleid waren jeweils Produkte völlig unterschiedlicher Stoffverarbeitungen, also gewissermaßen autonome Größen. Das änderte sich erst in der Zeit zwischen 1780 und 1820, als die ersten eleganten Herrenanzüge aufkamen, und siehe da: Bei diesen Anzügen nahm der Schneider für Jacke und Hose denselben Stoff. Kam also ein Unkundiger in eine Schneiderwerkstatt und fragte, wie der Meister denn sein Beinkleid im Vergleich zum Gehrock zu verfertigen gedenke, machte der Schneider eine lässig wegwerfende Handbewegung und sagte: „Jacke wie Hose."

Heute, da Frauen wie Angela Merkel den Hosenanzug populär machen, kann man sich gar nicht mehr vorstellen, dass diese stoffliche Gleichheit von Jacke und Hose einmal revolutionär gewesen sein soll. Das heißt, Anfang der achtziger Jahre hatte sie noch einmal eine gewisse Aufmerksamkeit erfahren, nämlich durch Manfred Karges schwer sozialkritisches Bühnenstück *Jacke wie Hose*, in welchem eine Frau die Kleider ihres toten Mannes anzieht, um an seiner Stelle in der Fabrik arbeiten zu können. Das Stück spielt in den 1930er Jahren, und zu der Zeit war Kleidung noch extrem geschlechterspezifisch ausgerichtet, aber das ist alles lange her, und ob Frauen am Fließband oder im Kanzleramt heute Wickelrock und Strickjacke oder Jacke und Hose tragen, das ist im Grunde genommen – also das ist wirklich egal.

Hilmar Klute

Fiasko im Fiesco

Helen Gregory aus London: „Hat der Mohr
seine Arbeit getan oder seine Schuldigkeit ?"

Sehr geehrte Frau Gregory,
das bekannte Zitat aus Schillers Trauerspiel *Die Verschwörung
des Fiesco zu Genua* wird immer mal wieder diskutiert. Denn
in der Urfassung lässt der Dichter den Mohren, Fiescos zwie-
lichtigen Informanten, die folgenden folgenschweren Worte
sprechen: „Der Mohr hat seine Arbeit getan, der Mohr kann
gehen."(3. Aufzug, 4. Auftritt). Daraus wurde später in Ab-
wandlung des Dichter-/Mohren-Worts die häufig gebrauchte
Formulierung: „Der Mohr hat seine Schuldigkeit getan...". Wie
es in verschiedenen Erklärungen heißt, soll mit dieser abgewan-
delten Form die Enttäuschung und Resignation darüber ausge-
drückt werden, dass einem der geschuldete, der zu erwartende
Dank für eine geleistete Tat verwehrt wird. Da findet so etwas
wie eine Aufwertung statt, eine Loslösung vom ursprünglichen
Dichterwort.

Die erklärt der Lektor, Übersetzer und Autor Johann Pross-
liner, der sich mit Schillers Zitaten ausführlich beschäftigt hat.
Prossliner argumentiert, dass viele dieser Zitate als geflügelte
Worte so kräftig in die deutsche Umgangssprache eingegan-

gen seien, dass sie zum Allgemeingut wurden und nicht mehr als Äußerungen des Dichters im Gedächtnis blieben. Auch des Mohren Wort sei durch die mündliche Überlieferung und beim Eintauchen in die Umgangssprache verändert worden. Dabei handele es sich jedoch kaum um eine Missachtung Schillers: Nein, in dieser Übernahme bestehe sein Triumph. Schon Goethe stimmte dem seinerzeit zu, als er sagte: „Es ist bei Schillern jedes Wort praktisch, und man kann ihn im Leben überall anwenden." Es lebt also nicht nur die Schillerlocke (als geräucherter Fisch und als Gebäck), vor allem leben Schillers Worte.

Bei der Uraufführung 1783 ist der *Fiesco* schlecht angekommen, was fast zwangsläufig zur spöttischen Anmerkung Anlass gibt, diese Premiere sei ein Fiasko gewesen. Ein emsiger deutscher Professor und Dichter namens Karl Martin Plümicke hat dann eine zahmere Fassung geschrieben, die von der konservativen Kritik zustimmend aufgenommen wurde: „Schiller hat nicht Ursach sich der Plümickeschen Einschaltung zu schämen", heißt es 1784 in der Vossischen Zeitung. Doch Schiller fand das nicht komisch, er lehnte Plümickes Version entschieden ab.

Noch einmal zum Mohren-Zitat. Es gibt eine weitere Version, die scherzhaft meint: „Der Mohr hat seine Schuldigkeit getan, der Mohr kann kaum noch gehen ...". Damit soll die körperliche Ermattung veräppelt werden, die sich nach größerer Anstrengung oft einstellt – der vielzitierte Mohr wird auch das ertragen.

Birgit Weidinger

Restlos erledigt

Frau Brigitte Irimi wüsste gerne, was es mit
dem Begriff „Gardinenpredigt" auf sich hat

Liebe Frau Irimi,

wenn man in das Wort Gardinenpredigt so hineinhört, klingt es
zunächst nach einer fast freundlichen Fadenscheinigkeit, so als
sei all das strenge Zeug, welches da einer von der Kanzel lässt,
nur halb so böse gemeint. Andererseits will die vom sachten
Windhauch angehobene Gardine so gar nicht zu der strengen,
pastoralen Predigt passen, also kurz gesagt: Irgendetwas
Unbehagliches muss es mit dieser Gardinenpredigt wohl doch
auf sich haben. Der wackere Heinz Erhardt hat in einem Gedicht
einmal von den gesellschaftlichen Folgen für einen Menschen
geschrieben, der Adressat einer Gardinenpredigt geworden ist:
„An den blumigen Gardinen/ hängen Reste deiner Predigt,/ und
seitdem du sie gehalten, /bin ich für die Welt erledigt."

Sofern man den Begriff Welt nicht allzu weit fasst, hat man
das Terrain deutlich vor Augen, in welchem die Gardinenpredigt
entstanden ist, die Rede ist von der Bauernstube. Hier kam
ja seinerzeit gewissermaßen alle Welt zusammen, welche für
den Bauern vornehmlich aus Saufkumpanen, Knechten und
Mitbauern bestand. Die üblichen Aktivitäten der Männer in

einer Bauernstube sind schnell geschildert: Schafkopfen, lautes Reden, zotige Scherze. Aus Mangel an weiteren Räumlichkeiten befand sich in der historischen Bauernstube zumeist auch das Bett der Bauersleut, in welches die Bauersfrau schon zeitig geschlüpft war, während die Herren ihrem lärmenden Geschäft nachgingen. Die Männer, die flegelhaften, konnten das brave Weib zum Glück nicht sehen, denn das bäuerliche Bett war mit einer Gardine verhangen.

Sobald sich das Gesindel aber verzogen und der Bauer sich mit dunklen Ahnungen dem Bett genähert hatte, vernahm er durch den Stoff der Bettgardine die Suada seiner Ehefrau. All die Vorwürfe wegen der Sauferei, dem Geplärr und anderer Zumutungen der letzten Wochen entluden sich hinter der Bettgardine, und wenn es sich um eine sehr böse Ehefrau handelte, fing sie das Zetern hinter dem Textil bereits an, bevor die letzten Gäste gegangen waren. In diesem Fall war der Bauer vor seinen Saufkumpanen restlos blamiert respektive im besten Erhardt'schen Sinne für die Welt erledigt. Andere Quellen behaupten, dass dem Bauer diese Art der Zurechtweisung auch dann zuteil wurde, wenn er spät vom Zechen nach Hause kam. Diese Quellen verraten aber nicht, ob es unter den Bauern auch solche gegeben hat, die ihrer Bäuerin mitten in der Predigt mit der Gardine den Hals zugeschnürt haben. Zumal es keine Zeugen gab, wenn der Landwirt die Landwirtin mit einem beherzten Ruck für die Welt erledigte.

Hilmar Klute